我国文化产业集聚的动力机制和经济效应研究

赵星 著

A STUDY ON THE DYNAMIC MECHANISM AND ECONOMIC EFFECT OF CULTURAL INDUSTRY AGGLOMERATION IN CHINA

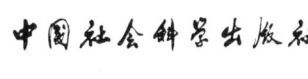
中国社会科学出版社

图书在版编目（CIP）数据

我国文化产业集聚的动力机制和经济效应研究/赵星著.—北京：中国社会科学出版社，2016.11
ISBN 978-7-5161-9466-9

Ⅰ.①我… Ⅱ.①赵… Ⅲ.①文化产业—研究—中国 Ⅳ.①G124

中国版本图书馆 CIP 数据核字（2016）第 308820 号

出 版 人	赵剑英
责任编辑	彭莎莉
责任校对	林福国
责任印制	张雪娇

出　　版	中国社会科学出版社
社　　址	北京鼓楼西大街甲 158 号
邮　　编	100720
网　　址	http://www.csspw.cn
发 行 部	010-84083685
门 市 部	010-84029450
经　　销	新华书店及其他书店
印　　刷	北京君升印刷有限公司
装　　订	廊坊市广阳区广增装订厂
版　　次	2016 年 11 月第 1 版
印　　次	2016 年 11 月第 1 次印刷
开　　本	710×1000　1/16
印　　张	11.5
插　　页	2
字　　数	201 千字
定　　价	49.00 元

凡购买中国社会科学出版社图书，如有质量问题请与本社营销中心联系调换
电话：010-84083683
版权所有　侵权必究

序　言

　　自20世纪90年代以来，全球范围内文化产业发展迅猛，市场规模不断扩大，对经济增长和增加就业的贡献日益增强，已成为世界一些主要经济体的支柱产业之一，也是全球发展最快的产业之一。文化与经济，作为当今各国社会发展的两大核心元素，相辅相成，且相互融合。文化已成为一国社会生产力越来越重要的组成部分，成为一国综合国力的最直接的反映。越来越多的国家开始将文化产业视为一种战略产业，加以谋划和推动。展望未来，全球文化产业发展方兴未艾，正呈现出规模化、垄断化、数字化和网络化等若干重大特点和趋势。

　　随着我国社会经济的快速发展，文化产业在国民经济中的地位也趋于不断提高。2011年，我国提出了"推动文化大发展大繁荣"的战略方针，由此文化产业在中国进入快速发展时期。"十二五"规划纲要中提出"繁荣发展文化事业和文化产业"，并提出"推动文化产业成为国民经济支柱性产业"的目标要求；"十三五"规划纲要进一步提出"公共文化服务体系基本建成，文化产业成为国民经济支柱性产业"的发展目标。这表明，如果说"十二五"期间是文化产业成为国民经济支柱性产业的过渡期，那么在"十三五"期间，这一目标将会全面实现。这也意味着，未来几年我国文化产业的发展中不仅要有规模的扩展和数量的增长，而且还要在内涵式发展上进一步提升。这就需要我们更多地关注和深入地研究如何使我国文化产业能够得到更快更好的发展。从这个意义上来说，本书关于我国文化产业集聚的动力机制和经济效应的相关研究成果，无疑对促进文化产业研究的深化是一种有益的尝试。

赵星博士在其博士论文的基础上，依托教育部人文社科基金项目，完成了《我国文化产业集聚的动力机制和经济效应研究》一书。通观全书，这一研究成果既有继承又有创新，研究方法规范，分析论证系统深入，数据资料翔实。作者综合运用空间统计分析、空间经济学、数理经济学、计量经济学、区域经济学的相关理论和方法，对文化产业的动力机制和经济效应进行了较为深入和全面的分析。

该书主要在以下这些方面具有一定的特色和创新：

第一，该书综合运用绝对集中度、分别基于供给视角和需求视角的区位熵指标等，分析了我国各省文化产业的集聚化发展情况，这对于更全面地认识我国文化产业集聚的空间特点有较强的应用价值。

第二，该书探索性地运用空间经济学的一般均衡分析方法，较全面地揭示了我国文化产业集聚的动力机制，这一研究具有一定的学术价值，对丰富空间经济学的理论研究和文化产业集聚的研究具有一定的贡献。

第三，该书利用最近14年的省级面板数据进行实证分析，论证了知识溢出、贸易自由度、本地市场需求、生产要素禀赋、政府的政策激励、地理区位优势、历史文化资源禀赋等若干因素与文化产业集聚的关联性及作用力，较全面地概括了文化产业集聚的动因，并由此验证了动力机制的理论模型，使理论研究和实证相一致。

第四，该书利用我国139个大城市的数据，实证检验了我国文化产业集聚对经济增长的效应，并分东中西三地区进行讨论，比较了区

序言

域之间的差异,并提出了促进我国文化产业区域均衡发展的相关政策建议,为政府决策和文化企业发展提供了有价值的参考意见。

当然,该书的研究成果还存在许多尚待进一步深化之处,鉴此,在该书即将出版之际,我愿意将其推荐给广大从事区域经济和文化产业研究的同仁,以求指正。

赵仁康

2016 年 10 月于随园

摘　　要

随着知识经济和信息经济的到来,文化产业在世界各国 GDP 中占据越来越大的份额,已经迅速成为拉动全球经济增长的新引擎。如今许多发达国家的文化产业都成长为拉动经济增长的支柱产业,如美国电影的出口额仅次于其航空产品,在美国出口商品中位居第二;日本的动漫、唱片、出版业等占据了全球市场的大片江山。进入 21 世纪后,我国已经成为全球制造业基地,社会生产的物质产品非常丰富,而满足人民精神需求的文化产品则相对匮乏。我国目前产业转型升级和促进内需增长的迫切要求,都使文化产业上升到一个非常重要的地位。2012 年 2 月出台的《国家"十二五"时期文化改革发展规划纲要》提出,我国文化产业将发展成为占 GDP 的比重达 5% 以上的支柱型产业。

本书首先梳理了我国文化产业近十年的发展历程:从 2005 年到 2010 年文化产业增加值平均保持在 25% 的年增速,从 2011 年到 2015 年基本保持在 15% 左右,远高于同期 GDP 增长率。本书使用绝对集中度、区位熵和泰尔(Theil)指数分析了我国文化产业集聚水平,并运用比较分析法,将 2014 年我国各省文化产业发展水平的空间差异、基于供给的区位熵的空间差异和基于需求的区位熵的空间差异进行对比分析。研究结果表明:中国文化产业总体的区域不均衡程度有下降趋势；我国东部地区的文化产业区域发展差异是全国总差异的主要构成部分；我国文化产业发展水平较高的地区集中在东中部，基于供给视角的文化产业集聚水平较高的省份集中在西部地区，基于需求视角的文化产业集聚水平较高的省份主要位于西部、东部地区，多数省份的此三个指标评价结果差异很大，说明我国文化产业的发展尚未充分利用当地供给能力以实现最优发展，也与充分满足当地居民的文化产品消费需求之间存在一定差距。

我国文化产业集聚水平存在较大的空间差异，导致差异的文化产业集聚的动力机制是本书研究的核心问题。本书首先从定性角度分析了推动文化产业集聚的作用力：包括知识溢出、贸易自由度、本地市场需求、生产要素禀赋、政府的政策激励、地理区位优势、历史文化资源禀赋。然后借助空间经济学的经典模型 TP 模型，改变假设条件后应用于我国文化产业集聚动力机制问题的分析。TP 模型在空间经济学模型的垄断竞争和规模收益递增的一般均衡分析框架下，引入知识创新与传递因素，这样经济活动的集聚力不仅包括经济关联还包括知识关联，模型分析认为知识创新和知识扩散可以促进经济的集聚。TP 模型是在消费者效用最大化和厂商利润最大化的一般均衡条件下进行分析，认为初始对称的两个地区，知识分子为了追求更高的实际工资可以跨区域自由流动。分析得到如下结论：当区域之间知识传递强度一定时，知识分子区域对称分布状态下，知识创新效率最低；核心边缘分布状态下，知识创新效率最高。北部（或南部）文化产品生产企业的份额与北部（或南部）地区支出份额呈正相关关系，系数大于1，支出份额增加，则企业份额增加更多，即存在本地市场放大效应。贸易自由度的提高，有利于促进文化产业的空间集聚。消费者多样化偏好程度的增强，也有利于文化产业的空间聚集。

在对我国文化产业集聚动力机制进行理论分析之后，本书利用我国31省（自治区、直辖市）2001—2014年的面板数据对理论分析得

摘 要

到的结论进行实证检验，面板模型的回归结果验证了理论假设：知识溢出越多的地区，文化产业集聚程度越高；贸易自由度高的地区，文化产业集聚水平越高；市场规模大的地区，文化产业集聚水平较高；政府规模较大、政策支持较多的城市，文化产业集聚水平较高；具有劳动要素禀赋优势的地区，文化产业集聚水平较高；资本要素充裕的地区，文化产业集聚水平较高；具有历史文化资源优势的地区，文化产业集聚水平较高。

我国目前文化产业已经呈现出集聚化的特点，那么在文化产业发展比较好的集聚区，文化产业集聚对经济增长的作用是怎样的，东中西的地区差异是怎样的，这是一个现实问题。本书利用我国139个大城市的数据，对这一问题进行了实证分析，发现基于我国大城市的总体样本和东中西分地区分样本的考察，文化产业集聚对经济增长都具有显著的促进作用，其中，我国中部地区的文化产业集聚对经济增长的促进作用最强。

本书最后提出了优化我国文化产业集聚化发展、促进我国文化产业繁荣发展的对策，如：提升政府的管理与服务能力；促进文化产业集聚区建设；促进文化消费市场建设；重视文化产业人才队伍建设；延伸文化产业链条；提升文化产品的贸易自由度；完善文化产业的投融资机制。

关键词：文化产业集聚　空间经济学　动力机制　知识溢出　经济效应

Abstract

With the arrival of knowledge economy, the output value of cultural industry occupies more and more share of GDP in countries around the world; the cultural industry has quickly become the engine of economic growth in the world. Today, the cultural industry has been the key industry in stimulating economic growth in many developed countries. For example, in USA the value of export of film is second only to that of aviation products, ranking the second in the United States exports; the Japanese industry of anime, record and publishing has occupied half of the global market. In the 21st century, China becoming a global manufacturing industry base, people's material wealth has enriched dramatically, but the cultural products which meeting people's spiritual needs are relative deficient. Now it is urgent to improve the status of cultural industry during the course of industry transformation and upgrading, and promoting domestic demand in China. "National cultural reform & development plan outline in 'twelfth five-year' period" which enacted in February 2012 put forward that the cultural industry in China will become the pillar industry taking a more than 5% share of GDP.

This academic monograph firstly reviews the 10-year development of culture industry, finding that the added value of cultural industry maintained an annual average growth speed of 25% from year 2005 to 2010 and about 15% from 2011 to 2015, which were all higher than the growth rate of GDP. And then, this monograph analyzes the agglomeration level of the cultural industry in our country by using the approaches of absolute concentration ratio, Location Quotient and Theil index, and clearly displays the space differences of development level of the provincial cultural industry, Location Quotient on the basis of supply, and Location Quotient on the basis of demand. The study shows that the level of regional disequilibrium is low in the development of China's cultural industry, and had the trend of balanced development; the overall difference of the cultural industry development level among provinces in China come mainly from the eastern areas; the provinces which have high level of development of cultural industry concentrate in the central and eastern regions, and the provinces which have high agglomeration level of cultural industry based on the perspective of supply mostly lies in the western areas, however the provinces which have high agglomeration level cultural industry on the basis of demand concentrate upon the western and eastern areas. The results of the three evaluation indicators differ greatly, which indicates that the development of cultural industry in China has yet not make full use of local supply capacity to realize optimal development, and also has a certain gap in fully meeting the cultural consumption demand of local residents.

In consideration of the existence of space difference of agglomeration level of cultural industry in China, the dynamic mechanism of cultural industry agglomeration which accounts for the difference is the core issue of this monograph. At first, this monograph analyzes the factors promoting cultural industry agglomeration by the approach of qualitative analysis:

Abstract

knowledge spillover, freeness of trade, the demand of local market, production factor endowment, the incentive of government policy, good geographical location, historical and cultural resources endowment, and etc. And then, this monograph discusses the dynamic mechanism of cultural industry agglomeration with the help of the classic model of spatial economics: revised TP model by changing the assumptions. Under the framework of general equilibrium analysis of monopolistic competition and increasing return to scale of the new economic geography model, the TP model adds the factor of knowledge innovation and transfer, so the centripetal forces of economic activities include not only economic connection, but also knowledge linkage. The monograph argues that the innovation and diffusion of knowledge can promote economic agglomeration. The TP model analyzes under the general equilibrium conditions of consumers' utility maximization and manufacturers' profit maximization, it assumps that cross-regional flow of intellectuals in initially symmetrical two regions happens because of pursuing higher real wages. This paper gets the following conclusions: when the intensity of knowledge transfers among regions is certain, the efficiency of knowledge innovation is the lowest under the conditions of symmetrical distribution of intellectuals; and the efficiency of knowledge innovation is the highest under the conditions of Core-Periphery distribution of intellectuals. There is positive correlation between the shares of culture product manufacturing enterprises and expenditure in northern area (or southern area), in which the coefficient is greater than 1. That means that when the share of expenditure rising, the share of enterprises rising more. That is to say, there is amplification effect in local market. This monograph argues the increase of trade freeness is helpful for promoting cultural industry agglomeration, and the consumers prefer more diversified products that can also accelerate the space agglomeration of cultural industry.

This academic monograph empirically tested the above conclusions of theoretical analysis by using the panel data of 31 provinces from 2001 to 2014, the results of the panel model validate the theoretical hypothesis: the more knowledge spillover, the higher the degree of cultural industry concentration is; the higher the degree of trade freeness is, the higher the degree of cultural industry concentration is; the larger the market scale is, the higher the degree of cultural industry concentration is; the level of cultural industry agglomeration is higher if the areas have abundant factor endowments; the level of cultural industry agglomeration is higher if areas have more support from governments.

The cultural industry in our country has already taken an appearance of centralization at present; it is a realistic question to find the effect of cultural industry agglomeration on economic growth in concentrated areas of culture industry which have gotten good development, and the features of regional difference across the Eastern, the Middle and the Western economic regions. And then, the monograph conduct an empirical analysis on relationship between the two sides, using data from 139 major cities in China, we find that the agglomeration of cultural industry has a significant role in promoting the economic development, based on the overall sample and partitioning samples, and also find that the promoting effect on economic growth in the Middle is stronger than that in the Eastern and the Western.

In the end, this academic monograph put forward suggestions of promoting the development of cultural industry and optimizing the agglomerational development of cultural industry: improving the government's abilities in management and service; promoting the construction of cultural industry clusters districts and cultural consumption market; attaching great impor-

❖ Abstract ❖

tance of talent team construction; extending cultural industry chain; increasing the trade freeness of cultural products; perfecting the investment and financing mechanism of cultural industry.

Key Words: Cultural Industry agglomeration   Spatial Economics   Dynamic mechanism   Knowledge Spillover   Economic Effect

目 录

第一章 导论 …………………………………………………… (1)

  第一节 研究背景和意义 ………………………………… (1)

    一 研究背景 ………………………………………… (1)

    二 研究意义 ………………………………………… (2)

  第二节 相关概念的界定 ………………………………… (3)

    一 区域 ……………………………………………… (3)

    二 文化产业 ………………………………………… (5)

  第三节 文化产业集聚研究现状及述评 ………………… (10)

    一 国内外关于产业集聚的研究 …………………… (10)

    二 国内外关于文化产业集聚的研究 ……………… (14)

    三 简要述评 ………………………………………… (21)

  第四节 本书的研究方法和分析框架 …………………… (21)

    一 本书的研究方法 ………………………………… (21)

    二 本书的分析框架 ………………………………… (22)

  第五节 本书可能的创新与不足 ………………………… (24)

    一 本书可能的创新 ………………………………… (24)

    二 本书的不足 ……………………………………… (25)

第二章 相关理论基础 …………………………………… (26)
第一节 空间经济学理论基础 ………………………………… (26)
一 早期的区位理论 …………………………………… (27)
二 传统的区域经济发展理论 ………………………… (29)
三 新兴的空间经济学理论 …………………………… (31)
第二节 文化产业发展的相关理论观点 ……………………… (38)
一 树立文化的产业化发展的观念 …………………… (38)
二 文化产业与经济发展方式转变 …………………… (40)
三 文化产业发展的一般规律 ………………………… (42)
四 文化产业的运行机制 ……………………………… (43)

第三章 我国文化产业集聚的空间统计分析 ……………… (45)
第一节 我国文化产业的动态演进及其发展水平 …………… (45)
一 中国文化产业的动态演进 ………………………… (45)
二 中国文化产业的总体发展水平 …………………… (49)
第二节 我国文化产业集聚的空间分析 ……………………… (53)
一 我国文化产业的总体集聚水平 …………………… (53)
二 我国各省文化产业集聚的空间分析 ……………… (55)
三 我国文化产业区域发展差异分析 ………………… (59)
第三节 总结 …………………………………………………… (61)

第四章 我国文化产业集聚动力机制的理论分析 ………… (63)
第一节 我国文化产业集聚动力机制的定性分析 …………… (64)
一 知识溢出 …………………………………………… (64)
二 贸易自由度 ………………………………………… (65)
三 本地市场需求 ……………………………………… (66)
四 生产要素禀赋 ……………………………………… (68)

五　政府政策激励 …………………………………………（69）
　　　六　地理区位条件 …………………………………………（70）
　　　七　历史文化资源条件 ……………………………………（71）
　第二节　重构 TP 模型分析我国文化产业集聚的动力机制 …（72）
　　　一　模型基本假设 …………………………………………（75）
　　　二　消费者行为 ……………………………………………（76）
　　　三　生产者行为 ……………………………………………（80）
　　　四　知识创新部门行为 ……………………………………（82）
　　　五　短期均衡 ………………………………………………（85）
　　　六　长期均衡 ………………………………………………（88）
　　　七　模型的主要启示 ………………………………………（95）
　第三节　总结 …………………………………………………（96）

第五章　我国文化产业集聚影响因素的实证分析 ……………（97）
　第一节　文化产业集聚理论假说的提出 ……………………（97）
　第二节　假说的验证 …………………………………………（98）
　　　一　数据来源和计量方法 …………………………………（98）
　　　二　变量的选择 ……………………………………………（99）
　　　三　指标的描述性统计分析 ……………………………（104）
　　　四　变量的相关性检验 …………………………………（105）
　　　五　变量的单位根检验 …………………………………（106）
　　　六　模型设定和检验结果 ………………………………（107）
　　　七　实证检验结果分析 …………………………………（109）
　第三节　总结 …………………………………………………（110）

第六章　我国文化产业集聚的经济效应分析 ………………（111）
　第一节　数据选取和分析、模型设定与指标说明 …………（111）

一　数据选取和分析 …………………………………………（111）
　　二　模型设定 ………………………………………………（115）
　　三　指标说明 ………………………………………………（116）
第二节　实证回归结果 …………………………………………（117）
　　一　全样本估计结果 ………………………………………（117）
　　二　分地区样本估计结果 …………………………………（118）
第三节　总结 ……………………………………………………（120）

第七章　优化我国文化产业集聚化发展的对策 …………（121）
第一节　提升政府的管理与服务能力 …………………………（122）
　　一　因地制宜，细化各地区文化产业发展规划 …………（122）
　　二　加强对知识产权的保护力度 …………………………（123）
　　三　加大财政资金的支持力度 ……………………………（123）
第二节　加强文化产业集聚区的建设 …………………………（124）
　　一　针对本地区的比较优势，找准文化产业的定位 ……（125）
　　二　合理规划文化产业集聚区的空间布局 ………………（125）
　　三　扶持重点文化企业，实施龙头带动战略 ……………（126）
　　四　加强与各高等院校以及文化科研机构的合作 ………（126）
　　五　加强文化产业集聚区内的企业间合作 ………………（126）
第三节　促进文化消费市场建设 ………………………………（127）
　　一　提高居民实际收入，增强居民文化消费能力 ………（127）
　　二　提高居民文化素质，培育正确的文化消费观念 ……（127）
　　三　完善相关文化消费的机制 ……………………………（128）
第四节　重视文化产业的人才队伍建设 ………………………（128）
　　一　改善文化人才成长的社会环境 ………………………（128）
　　二　提升文化人才队伍的产业能力 ………………………（129）
　　三　加大文化人才队伍建设的资金投入 …………………（129）

目录

　　四　通过构建人文关系网络，培育创新的文化氛围 …… （130）
第五节　延伸文化产业链条 ……………………………… （130）
　　一　通过与不同行业的融合，延伸文化产业链条 …… （130）
　　二　调整自身经济结构，完善文化产业内部产业链 … （131）
　　三　突破区域限制，实现地区间的协调与联动 ……… （132）
第六节　提升文化产品的贸易自由度 …………………… （132）
　　一　增加交通和通信的便利，打破壁垒和隔绝 ……… （133）
　　二　建立更多的文化交易平台 ………………………… （133）
　　三　利用"文化亲近"发展文化贸易 ………………… （133）
　　四　警惕西方不良文化对中国传统文化的冲击 ……… （134）
第七节　完善文化产业的投融资机制 …………………… （134）
　　一　促进金融机构的业务创新 ………………………… （135）
　　二　拓展多种形式的融资渠道 ………………………… （135）
　　三　建立健全融资配套服务体系 ……………………… （136）

第八章　结论与展望 ……………………………………… （137）
第一节　研究结论 ………………………………………… （137）
第二节　未来研究展望 …………………………………… （139）

参考文献 …………………………………………………… （141）

后记 ………………………………………………………… （157）

第一章

导　　论

第一节　研究背景和意义

一　研究背景

文化是民族的血脉，人民的精神家园，是一个民族的凝聚力和创造力的重要源泉。随着经济与社会的快速发展，文化的地位和作用将更加凸显，它作为"国家软实力"成为综合国力竞争的重要因素，也成为推动经济发展的重要杠杆。2008年的全球金融危机发生后，世界经济复苏乏力、消费不足，以文化产业为代表的知识密集型产业成为经济增长的新动力。我国在2011年的《国家"十二五"规划纲要》中提出"推动文化产业大发展大繁荣"的总体战略，在2016年的《国家"十三五"规划纲要》中又提出"丰富文化产品和服务，推进文化事业和文化产业双轮驱动"的方针政策。2014年，我国文化产业的增加值为23940亿元，同比增长了12.1%，占GDP的比重为3.76%，未来我国文化产业将随着经济发展程度的提高，逐渐成长为具有引领作用的支柱性产业。

目前，我国文化产业发展的水平还不高，布局和结构还不尽合理，不能满足人民群众在精神文化方面日益增长的多层次、多样化的需求，因此，文化产业的快速健康发展是形势所需、大势所趋。纵观世界各国文化产业的发展史，文化产业的繁荣发展与文化产业在空间的集聚状况有密切联系。中国是一个有着五千年文明史、幅员辽阔、人口众多的大国，各省的文化产业发展状况和集聚程度都不同，文化产业集聚是如何形成的，文化产业的集聚程度又主要受哪些因素影响，这是许多学者关注的一个重要问题。本书围绕我国文化产业集聚的动力机制展开研究，从时间上清晰地刻画我国文化产业集聚的历史进程，从空间上清晰刻画中国文化产业集聚的地域分布状况，用空间经济学理论深入分析我国文化产业集聚的动力机制，并使用近14年的面板数据对理论假设进行实证检验，接着用我国139个大城市的数据实证分析我国文化产业集聚的经济效应和地区差异。最后提出促进我国文化产业繁荣发展、集聚化发展和协调发展的对策建议。

二 研究意义

（一）理论意义

首次将空间经济学的TP模型重构后，用于对文化产业的分析之中。文化产业与传统制造业相比，更加注重知识的创新与扩散，所以理论模型的分析框架是"两地区、三部门、两要素"：两地区为北部和南部；三部门为文化产业的知识创新部门、文化产业的产品制造部门、传统部门；两要素是普通工人和具有高创新能力的知识分子。此外模型假设还突出了文化产业中知识和知识分子的作用。本书对TP模型简化，并进行了一些更深入的探讨，建立起适合分析我国文化产业的数理模型分析框架，解释我国文化产业集聚的动力机制。这对于拓展空间经济学的理论模型具有一定理论意义。

（二）现实意义

将国际学术研究上得到普遍认可的空间经济学理论模型的分析框架应用到我国具体区域、具体产业的研究，有助于对我国文化产业集聚问题有更加深刻和全面的理解。本书的研究利用我国2001—2014

※ 第一章 导论 ※

年近 14 年的省级面板数据对文化产业集聚问题进行系统分析，包括描述统计性分析和面板模型计量经济分析，这对于认清我国文化产业集聚的空间特征和动力机制有一定的现实意义；然后使用 139 个大城市的数据实证分析我国文化产业集聚的经济效应和地区差异。最后，本书提出优化我国文化产业集聚化发展的对策，将为政府部门制定相关政策提供理论参考。

第二节 相关概念的界定

一 区域

区域，是一个抽象的地理空间上的概念，世界上的任何一个小村庄可以成为一个区域，一个城市、几个城市、一个国家、多个国家，也可以成为一个区域。从一般的角度来看，区域是根据一定目的和原则划分的地球表面的一定范围的空间，具有自然、经济和社会的内部聚集力，具有相对完整的结构，能够独立发挥功能的有机整体[1]。不同学科对区域的界定和涵义的理解也不相同，地理学的定义是地球表面的一个地理单元；社会学把"区域"理解为具有某种相同社会特征（语言、信仰、民族、文化）的人类社会聚居区；政治学认为"区域"是国家实施行政管理的行政单元；经济学把"区域"理解为一个在经济上相对完整的经济单元。从经济学角度解释区域的概念，一般认为最早是由全俄中央执行委员会直属经济区划问题委员会在 1922 年做出的，所谓"区域"应该是"国家的一个特殊的经济上尽可能完整的地区。这种地区由于自然特点，以往的文化积累和居民及其生产活动能力的结合而成为国民经济总链条中的一个环节"[2]。之

---

[1] 魏后凯：《现代区域经济学》（修订版），经济管理出版社 2011 年版，第 8 页。
[2] ［苏联］克尔日查诺夫斯基·F. M：《苏联经济区划问题论文集》，商务印书馆 1961 年版，第 82 页。

后的学者也纷纷对"区域"的内涵进行界定，其中以美国经济学家胡佛（Edgar M. Hoover, 1971）对区域的定义影响较大，他认为：区域是"根据叙述、分析、管理、规划和制定政策等目的，作为一种有效实体来综合考察每个地区群，它可以根据内部同质性或功能同一性而加以划分①"。除了胡佛，其他学者也从不同侧面界定了"区域"的内涵。《不列颠简明百科全书》中区域的概念是：凝聚力强的地区，依据某种标准及其自身的同质性特点来对相邻的所有领域进行划分区别。区域作为一种学术概念，是"通过筛选和某些特有固定问题相关的特征并排除不相关的特征而划定的"②。美国产业经济学家钱纳里（Hollis B. Chenery, 1986）认为，区域是指由于人的经济活动所造就的、具有特定的地域构成要素的、不可分割的经济社会综合体③。中国的区域经济学者陈秀山和张可云认为区域是"指一个国家或一个国民经济中的一个地区，它同另外的地区之间不存在边界和相应的经济壁垒"④。总体上，区域概念包含以下几个方面的内容：第一，区域具有"实体概念"和"抽象概念"的二重性；第二，内聚力、结构、功能、规模和边界是构成一个区域的五个基本要素；第三，区域具有动态性。区域经济的特点使得一国或一地区的经济表现为块状经济，而形成块状经济的客观基础包括资源禀赋差异、集聚经济、交易成本⑤。

本书研究的"区域"，是我国省级行政区域和以此为基础构成的三大经济区。选择行政区为研究对象的原因是：第一，我国目前各地

---

① ［美］埃德加·M. 胡佛、弗兰克·杰莱塔尼：《区域经济学导论》，郭万清等译，上海远东出版社1992年版，第239页。

② 《不列颠简明百科全书》（第6卷），《不列颠简明百科全书》编辑部译编，中国大百科全书出版社1986年版，第703页。

③ ［美］钱纳里、鲁宾逊、赛尔奎因：《工业化和经济增长的比较研究》，吴奇译，上海三联书店、上海人民出版社1996年版，第65页。

④ 陈秀山、张可云：《区域经济理论》，商务印书馆2003年版，第5页。

⑤ 魏后凯：《现代区域经济学》（修订版），经济管理出版社2011年版，第9页。

❖ 第一章　导论 ❖

区经济发展受到政府政策的影响较大，省级行政区采取统一的政策，区内的经济发展环境较为相近。第二，我国以省级为单位的统计数据较为丰富，本书的研究对象是文化产业，近些年的统计数据相对较难获取，所以实证分析选择省级区域，能够查到更多资料，以便于展开更全面的实证检验。按照国家统计局2003年的标准划分方法，笔者把我国31个省（自治区、直辖市）（不含香港、澳门和台湾）分为东、中、西三部分：东部地区包括北京、天津、河北、辽宁、上海、江苏、浙江、福建、山东、广东、海南等11个省、直辖市，中部地区包括山西、吉林、黑龙江、安徽、江西、河南、湖北、湖南等8个省，西部地区指广西、内蒙古、陕西、甘肃、青海、宁夏、新疆、四川、重庆、云南、贵州、西藏12个省、直辖市、自治区。

二　文化产业

"文化"，这个概念代表了人类社会的文明，最初的文化涵义是泛指人类有别于其他生物的一切活动。随着时代的演进，文化被学者们界定为多种涵义。Berliant（2003）认为文化是一个地区的居民所专有的一系列观念[1]。Williams（1981）给出了广义的文化概念：特定人群和社会群体的生活全貌。这一说法似乎有些过于笼统，涵盖面太广。他给出的狭义的文化定义是：社会秩序得以传播、再生产、感受及探索的一个重要表现系统。Hirsch（1972）认为文化活动最重要的目标和表现形式是与受众沟通并创造可被解读的记录（包括声音、影像、文字、图画）。一般认为，文化产业是生产精神产品以满足人们文化需求的产业。"文化产业"，这一术语产生于20世纪初，学术界一般认为最早是由霍克海默和阿多诺

---

[1] M. Berliant, M. Fujita, "Knowledge creation as a square dance on the Hilbert Cube", *International Economic Review*, 2008, 49 (4): 1251–1295.

（Max Horkheimer & Theodor W. Adorno，1944）首先提出的，常被译为文化工业。此后学者从不同研究侧面定义了文化产业的内涵：胡惠林（2006）提出文化产业不仅一般性地反映了物质生产资料的占用关系和分配关系，也反映了精神生产资料的占有和分配关系，以及这种关系背后所蕴含的政治力量关系。联合国教科文组织（UNESCO）对文化产业的定义是，指按照工业标准生产、再生产、储存以及分配文化产品和文化服务的一系列活动。虽然马克思主义经典作家并没有直接定义"文化产业"，但马克思在《1844年经济学哲学手稿》中关于"精神生产力"的精辟论述实际上指的就是文化产业，认为除了物质生产力外，推动经济发展的动力还有语言、文学、技术能力等精神生产力[①]。恩格斯在《劳动在从猿到人转变过程中的作用》中指出文化是人类特有的现象和符号系统[②]，文化生产力具有精神生产的独特性，在生产过程中人的主观意识被物化了。列宁意识到了解决物质与文化贫困间的矛盾的根本出路在于发展生产力，即进行经济和文化建设，他从更广泛的意义上定义了文化，把经济建设包括在内。毛泽东指出"一定的文化（当作观念形态的文化）是一定社会的政治和经济的反映，又给予伟大影响和作用于一定社会的政治和经济"[③]，他在此基础上提出建设"新民主主义文化"的科学主张。邓小平关于"两个文明"建设的思想，深刻反映了其社会主义文化建设思想，指出文化"要伴随着我们整个社会主义现代化建设的进程走"[④]。

对于文化产业所包含的范围，各国对此的看法并不完全一致。

---

① 详见马克思《1844年经济学哲学手稿》，人民出版社2000年版，第83—86页。
② 恩格斯：《劳动在从猿到人转变过程中的作用》，载恩格斯《自然辩证法》，中共中央马克思恩格斯列宁斯大林著作编译局编译，人民出版社2015年版，第303—317页。
③ 《新民主主义论》，载《毛泽东选集》第2卷，人民出版社1991年版，第663—664页。
④ 《邓小平文选》（第三卷），人民出版社1993年版，第403页。

第一章 导论

英国的文化、媒体和体育部把文化产业理解为"创意产业",认为创意产业是指通过拥有知识产权的个人创造能力、才干和技能,创造财富并增加就业的活动,可以划分为13个行业,包括广告、音乐、电视广播、艺术与古玩市场、工艺品、设计、设计时尚、电影、互动性休闲软件、建筑、表演艺术、出版业与软件等部门。韩国的文化产业包括:广播、游戏、动画、影视、演出、美术、卡通形象、出版印刷、文物、广告、工艺品、传统服装、多媒体影像软件等。日本对文化产业的界定比较宽泛,包括了所有与文化有关联的内容产业、休闲产业和时尚产业三大板块,具体包括演出、展览、新闻出版、休闲娱乐、广播影视、体育、旅游等,他们更强调产品和服务内容的精神属性。美国没有文化产业的说法,只讲版权产业,主要从文化产品的知识产权属性界定。法国定义的文化产业是指传统文化事业中可大量复制的产业,其中最重要的是文化艺术产业。德国将文化产业的重心放在出版、影视、表演艺术和会展等行业上。芬兰将文化产业定义为"基于意义内容的生产活动",强调内容生产并将此称为"内容产业"。联合国教科文组织对文化产业的分类包括文化产品核心层、文化产品相关层、文化服务核心层、文化服务相关层。文化产品核心层包括文化遗产、音乐、表演、印刷品、视听媒体、视觉艺术;文化产品相关层包括建筑和设计、影院、摄影、广告、电视、收音机、新型媒介等。文化服务核心层包括娱乐服务、视听及相关服务、运动服务、个人服务;文化服务相关层包括市场研究、广告调研、民意调查、建筑工程技术服务、新闻机构服务(如图1-1)。

我国对文化产业涵义的理解,经历了两个阶段,第一阶段是狭义的文化产业,文化部2003年制定的《关于支持和促进文化产业发展的若干意见》,将文化产业界定为:从事文化产品生产和提供文化服务的经营性行业。文化产业是与文化事业相对应的概念,文化产业包

❖ 我国文化产业集聚的动力机制和经济效应研究 ❖

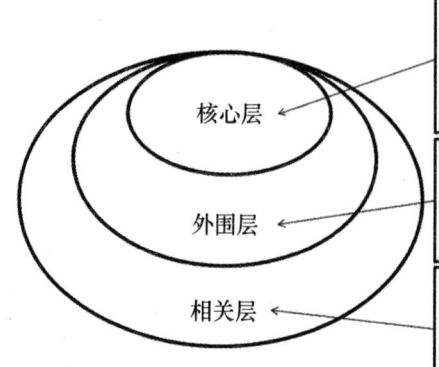

图1-1 联合国教科文组织的文化产业圈层结构

括演出业、影视业、音像业、文化娱乐业、文化旅游业、网络文化业、图书报刊业、文物和艺术品业以及艺术培训业等行业门类。第二阶段是广义的文化产业，我国文化产业的统计标准最早源自国家统计局颁布的《文化及相关产业分类（2004）》，八年后考虑到我国文化产业已经发生了很多新的变化，2012年国家统计局对原标准作了修改，颁布了新的文化产业分类的国家标准——《文化及相关产业分类（2012）》，该分类标准把"文化及相关产业"界定为"为社会公众提供文化产品和文化相关产品的生产活动的集合"，该标准是根据文化管理的需要和文化生产活动的自身特点来划分文化产业的，将文化产业分为两部分10个大类：第一部分是文化产品的生产，包括：新闻出版发行服务、广播电视电影服务、文化艺术服务、文化信息传输服务、文化创意和设计服务、文化休闲娱乐服务、工艺美术品的生产；第二部分是文化相关产品的生产，包括：文化产品生产的辅助生产、文化用品的生产、文化专用设备的生产（详见表1-1）。

第一章 导论

表 1-1 文化及相关产业分类（2012）

类别		内容
文化产品的生产	新闻出版发行服务	新闻业、图书、报纸、期刊、音像、电子出版物等出版和发行。
	广播电视电影服务	广播电影电视的制作、发行、放映等。
	文化艺术服务	文艺创作与表演、图书馆与档案馆服务、文化遗产保护服务、群众文化服务、文化研究和社团服务、文化艺术培训服务等。
	文化信息传输服务	互联网信息服务、增值电信服务（文化部分）、广播电视传输服务等。
	文化创意和设计服务	广告、文化软件、建筑设计、专业设计等。
	文化休闲娱乐服务	景区游览服务、娱乐休闲服务、摄影扩印服务等
	工艺美术品的生产	工艺美术品、园林、陈设艺术等的制作和销售。
文化相关产品的生产	文化产品生产的辅助生产	版权、印刷复制、文化经纪代理、文化贸易代理与拍卖、文化出租、会展等服务。
	文化用品的生产	办公用品、乐器、玩具等文化用品的生产。
	文化专用设备的生产	印刷专用设备、广播电视电影专用设备的制造与批发等。

以上各个国家和组织对文化产业概念和范围的界定各具特点，国内学者比较认同国家统计局的分类标准，该标准比较全面完善。参照此分类标准，我国自 2013 年开始每年编制《中国文化及相关产业统计年鉴》，这也是我国正式开展文化产业统计以来出版的文化产业年鉴。年鉴的指标说明中提到，文化及相关产业是指为社会公众提供文化、娱乐产品和服务的活动以及与这些活动有关联的活动的集合。根据提供文化、娱乐产品和服务活动的属性特点，划分为公益性文化活动和经营性文化活动两大类。年鉴统计调查的文化及相关产业，根据提供文化、娱乐产品和服务活动的属性特点和财务核算形式划分，有文化事业和文化产业两大类。国内学者研究文化产业发展水平均采用的是文化产业的产值或者增加值的数据，这是狭义的文化产业，并不能全面反映为社会提供文化产品和服务的文化及其相关产业。本书使用数据来自 2002—2015 年《中国文化文物统计年鉴》和 2013—2015 年《中国文化及相关产业统计年

鉴》，研究对象为我国31个省、直辖市和自治区，包括139个大城市。鉴于《中国文化文物统计年鉴》自2010年起，不再统计各省的文化产业总产值和增加值，《中国文化及相关产业统计年鉴》仅出版了3期，各省的文化产业增加值数据较少，因此，本书衡量广义的文化产业发展水平时选择使用的数据为《中国文化文物统计年鉴》里"文化文物部门所属机构总收入"，总收入包括财政拨款、上级补助收入、事业收入、经营收入和其他收入，这一指标更能反映一个地区文化产业所拥有的金钱资源和发展水平。这与以前所有研究文化产业的论文都不相同，也是本书的一个研究价值所在。

第三节　文化产业集聚研究现状及述评

一　国内外关于产业集聚的研究

新古典经济学的创始人马歇尔（Alfred Marshall，1890）从知识溢出[①]、熟练劳动力市场的形成以及与本地大市场相联系的前后向联系这三个方面说明了空间聚集的收益递增现象。马歇尔是从行业内聚集经济角度发现外部规模经济[②]与产业集聚之间有着密切关系，而雅各布（Jacob Viner，1969）则从跨行业聚集经济角度寻找产业集聚的

[①] 知识溢出（knowledge spillover）指知识在创造、使用、传播过程中，不仅存在活动本身的效果，而且对组织以外的群体能够产生影响，知识区别于其他商品的最大特点是知识具有溢出效应。知识外溢源自于知识本身的稀缺性、流动性和扩散性。从公共利益的角度看，大量的、加速的知识外溢推动了整个社会的发展和进步。而从知识拥有者的角度来看，尤其对于经由大量投入才获得的创新知识所有者而言，知识外溢带来的却是知识资产流失、投入难以回收、竞争优势丧失等市场风险。

[②] 外部规模经济理论最先由英国经济学家A. 马歇尔在1890年提出，后经克鲁格曼等学者的完善而得到发展。从静态角度考虑外部规模经济所形成的集聚效应包括两个方面：行业内和跨行业。马歇尔从动态角度分析了行业内集聚经济产生的原因及其对行业增长的重要性，这种聚集经济被称为马歇尔外部性（Marshallian Externalities）；雅各布从动态角度分析跨行业集聚经济的产生，这种聚集经济被称为雅各布外部性（Jacobs Externalities）。

第一章 导论

动因。雅各布认为知识外溢性一般是发生在技术互补的行业之间，因此，这样的多样化产业结构更容易引起产业集聚。有鉴于此，Durantou 和 Puga（2001）发现新生企业会集聚在多样化程度较高的城市，而成熟企业则选择行业集聚程度更高的地区。韦伯（Alfred Weber, 1909）是最早完整地阐述"聚集经济"内涵的学者，"聚集经济"说明的是产业在融合发展中所存在的一种现象：经济活动在区域上的集中倾向，集聚是一种"竞争优势"，是市场被引诱到某一特定地点的市场化。韦伯对工业集聚产生的原因进行了分析，并认为工业区位的确定主要受到交通运输成本和劳动力成本的影响。波特（Michael E. Porter, 1995, 1998, 2000）指出在全球化背景下产业集群会转化为国家的竞争优势，当今世界的经济地图是被集群所统治。所谓"集群"，就是某一区域在特定领域具有非同寻常的竞争优势的产业聚合。在产业集聚的原因研究中，空间知识溢出一直备受关注，Audresch 和 Helpman（1996）在阿罗（Kenneth J. Arrow, 1962）、罗默（Paul Romer, 1986）、卢卡斯（Robert E. Lucas, 1988）等人的研究基础上，探讨了知识价值在产业集聚中的重要性，认为知识溢出降低了科学发现和商业化的成本，进而促进了集群的发展和创新产出的增长。但是该理论没有考虑空间因素，因此在解释产业在空间上分布不均衡问题上说服力并不强。20 世纪 90 年代以克鲁格曼（Paul Krugman, 1991）为代表的空间经济学理论，对产业集聚的原因、过程进行了很好的解释。不同于传统经济学的"完全竞争"和"规模报酬不变"的分析框架，空间经济学的分析是建立在"垄断竞争"和"规模经济"的假设前提下，运用一般均衡的分析方法建立了精巧严密的模型，得出了与现实更为接近的理论。其中，CP 模型（Core-Periphery Model，即中心—外围模型）奠定了对经济活动进行区位或者空间分析的微观基础，解释了贸易成本下降时，初始对称均衡的区域会在某一时点发生"突变"（金煜、陈钊、陆铭，2006），很快形成

"工业核心区"和"农业边缘区"这种稳定的"核心—边缘"[①]型空间结构。总体上，近年国外关于产业集聚的研究多数是在空间经济学分析框架下进行，学者们（藤田昌久、维纳伯尔斯等）都是在克鲁格曼的 CP 模型基础上，更改前提假设，或者改变关键参数，建立新的适合分析不同具体问题的数理模型分析框架。当然，也有很多学者指出，产业集聚与知识溢出之间是相互作用的，如 Martin 和 Ottaviano（1999）通过融合内生经济增长理论与内生区位模型，构建知识全局溢出的 GS 模型与知识局部溢出的 LS 模型，说明了在不同集群之间的知识溢出伴随产业集聚而产生了。胡佛（Edgar M. Hoover，1937）提出了集聚体的最佳规模论，第一次从量化的角度对集聚问题进行了研究。他将产业规模经济区分为三个不同的层次：单个区位单位（工厂、商店等）的规模经济；单个公司（即联合企业体）的规模经济；该产业在某个区位的集聚体的规模经济。胡佛的主要贡献在于指出产业集聚存在一个最佳的规模，如果集聚企业太少、集聚规模太小的话，则达不到集聚能产生的最佳效果；如果集聚企业太多，则可能由于某些方面的原因使集聚区的整体效应反而下降（黄曼慧、黄燕，2003）。

  国内对于产业集聚的研究始于 20 世纪 80 年代对江浙地区的中小企业聚集现象的关注，虽然研究的起步比较晚，但从 2000 年前后开始逐步深化，发展非常迅速。在前人研究的基础上，学者们（许仁祥，1998；仇保兴，1999；叶建亮，2001；盖文启，2002；吴勤堂，2004；魏守华，2002 等）分别从聚集经济、专业化分工、知识溢出、创新网络、竞争力与经济增长等方面进行分析。当前，对于产业集聚

---

① 核心—边缘（Core-Periphery），又译为"中心—外围"，最早是由保罗·克鲁格曼在其1991 年发表的论文《收益递增与经济地理》中提出的，之后被空间经济学的研究者广泛使用。核心区是具有较高创新变革能力的地域社会组织子系统，外围区则是根据与核心区所处的依附关系，而由核心区决定的地域社会子系统。

第一章 导论

的机制和影响因素的分析具有代表性的学者有：陈甬军、徐强（2003）借鉴马歇尔外部性和雅各布外部经济的理论，把产业集聚划分为互补性和共生性两种，认为共生性是水平集聚而互补性为垂直集聚，且互补性比共生性更显稳定一些。梁琦（2004）利用大量具体数据，论证了影响产业聚集的八大要素：资源要素禀赋、运输成本、规模经济、外在性、地方需求、产品差别化、市场关联和贸易成本。白重恩等（2004）测算了我国32个行业的地方化系数Hoover，结果显示不同的平均方法所反映的地方化趋势大体一致，即我国的产业集聚水平大幅度提高，这一研究结论也得到罗勇（2006）、罗胤晨等（2014）、赵惠芳等（2014）等人研究的证实。安虎森（2009，2011）在拓展产业集聚机制的理论模型方面做出较多的贡献，如论述了垂直联系、外包与产业集聚的关系；分析了技术创新与我国产业集群升级路径。陈建军（2009，2010）在实证检验产业空间集聚方面做出了许多贡献，如以长三角为例分析产业集聚的效应；用我国222个城市的面板数据分析生产性服务业的集聚和影响因素。韦成、孙文建（2011）在皮奥里和塞布尔（Piore、Sable，1984）的研究基础上，分析产业集聚中的政府作用，将产业聚集模式划分为政府主导型、政府引导型和政府鼓励型三种，并基于产业发展的不同阶段提出政府管理方式的适应性策略。程中华、于斌斌（2014）基于2003—2012年全国285个地级市的数据，运用空间计量模型从生产效率角度探讨了产业集聚效应，结果显示聚集经济具有较强的雅各布外部效应特征，但马歇尔外部性和波特外部性则不明显，甚至是呈现负相关的关系。陈柳、刘志彪（2008）以江苏省金坛市服装行业的集聚为例，从人力资本的视角分析了区域产业集聚度的生成机制，员工的学习效应使人力资本的增加有可能被这种机制所复制，从而到一定阶段后就可能模仿出新企业，形成产业聚集。

总体来说，国内外学者对于产业集聚的研究主要集中于制造业领域、生产性服务业领域,近些年转向对旅游业、交通业、文化产业等第三产业的研究。

二 国内外关于文化产业集聚的研究

最早提出"文化产业(Cultural Industry)"这一概念的是1947年德国的法兰克福学派代表人物霍克海墨和阿多诺,在《启蒙辩证法》一书中,他们批评了"文化工业",认为文化工业丧失了艺术本质,成为国家控制意识形态的工具。但同为法兰克福学派的本雅明(Walter Benjamin)对文化产业的发展持肯定和支持的态度,他认为文化产业的发展有助于实现艺术的大众化。20世纪70年代后,本雅明的观点得到了多数学者的支持,学术界开始了对促进文化产业健康发展的研究。中国理论界在20世纪90年代开始了对"大众文化"的研究热潮,在90年代末大众文化的地位得到普遍认同,最早提出尽快制定文化产业发展战略规划的是沈望舒(1998),他指出为迎接文化产业的大发,急需有一个权威性的战略规划为文化产业明确方向任务,改善环境条件,解决综合保障问题。2000年在国家"十五"规划中政府主管部门首次有了"推动文化产业的发展"的表述,2004年文化产业作为一个新兴产业进入《国民经济行业分类》的目录,2009年国务院颁布的《文化产业振兴规划》首次将发展文化产业上升到国家战略,提出把文化产业培育成为推动经济发展方式转变的战略性新兴产业。文化产业的理论和应用研究逐渐成为经济学研究、社会学研究、行为学研究的热门领域。

境外学者对于文化产业集聚的研究大多是针对特定著名的"文化产业集聚区(Cultural Clusters)"展开分析的:Scott(1997)论述了创意文化产业生产具有的五个特点,如对大量具有技能的劳动力、信息以及知识等要素的特殊需求,使文化产业在地理空间上的集聚非常明显。他认为特定地理位置可以增加文化产业集聚区的创意行为,指出

第一章 导论

现代文化产业主要集中在像纽约、洛杉矶、巴黎、米兰、东京这样的国际化都市，这些城市的形象和文化生产是共生的关系。Keith Bassett 等（2002）以布里斯托尔的自然历史电影产业为例，分析了文化产业，文化集聚和城市之间的关系。Dominic Power（2002）研究了瑞典的文化产业在瑞典经济中的地位，他们利用瑞典的就业和企业的大数据展开分析，研究结果表明就业和公司数量的总体增长在文化产业领域都非常显著，而文化企业数量的增长远远快于就业量的增长。关于区域维度的分析，他们发现瑞典文化产业较多存在于城市地区，并且有很强的聚集倾向，而这个产业空间动态变化特点对于产业能力的发展及成功至关重要。A. Gospodini（2006）以希腊为例研究了后工业城市的文化产业集群，讨论了文化经济在后工业化城市的重要性以及现有的市中心的文化集群模式，具体分析了雅典、塞萨洛尼基、沃洛斯三个文化集群。Jan Vang（2007）通过对加拿大多伦多本土电影产业集群和好莱坞的电影产业对比，强调了在发展本土文化产业集群时全球—本土的关联的重要性。文章对多伦多处于主导地位的集聚模式、集聚区的知识溢出进行了深入分析。Andrew J Curtis（2008）从法国文化区、法国文化区的企业集群、集聚区中的单个街道三个方面，分析了美国新奥尔良的文化产业集群。Lorenzo Mizzau 和 Fabrizio Montanari（2008）通过对意大利皮德蒙特的音乐集聚区的调查，研究了怎样和为什么特定的公共政策可以更有效地发展一个文化区域。Cheng-Yi Lin（2012）以台北的设计行业为例，论述了企业家精神、文化产业集群和创新城市氛围的演变三者之间的关系。Marie Louise（2012）论述了在拉美和欧洲文化产业集聚区中，公司特有的资本结构和宏观经济变量对文化企业兼并收购的影响。Anthony Y. H. FUNG 和 John Nguyet ERNI（2013）研究了中国被称为"北京集群"的新文化集聚区的本质和发展，发现在它的发展过程中，国家意志和政府当局的地方利益常常高于文化利益或者地方利益，管理和经营这些文化产业的不同阶层的各种利益群体之间局面紧张并存在冲突。中国像许多西方国家发展文化产业集群模式那样加强私有创意产业，发展国家文化经济，或者恢复旧产业，但是中国文化产业繁荣背后，经济利益、地区的政府势力和国家的软实力可能是高于一切的。HONG Jin（2014）研究了中国创意产业集聚，区域创新和生产力增长，文章使用中国 2003—2010 年的省级面板数据，建立了一个经验模型以估计文化产业集聚对区域全要素生产率增长的作用，研究表明文化产业集聚能够促进区域全要素生产率的提高，是通过促进区域创新而不是通过提高区域效率。总体说来，国外针对某个特定文化产业集聚区的研究较多，对于文化产业集聚的综合性、基础性研究较少。

从时间上看，虽然国内学术界在 20 世纪 90 年代就开始关注文化产业的发展了，但对文化产业集聚和文化产业集群的研究要明显滞后，数据显示：对文化产业集聚的研究开始于 2006 年，对文化产业集群的研究始于 2004 年。使用中国知网的数据库资源，查询并整理所有相关文献数目，列在表 1-2 中，由表可见，研究文化产业发展的文章较多，截至 2016 年 9 月份共有 18299 篇，其中发表在核心期刊上的论文超过 3900 篇。而研究文化产业集聚和文化产业集群的文章总量并不多，只有 600 来篇，但近几年，相关文章的数量和质量呈现明显上升趋势，这说明文化产业集聚是一个较新的研究领域，逐渐受到学者们的关注。

表 1-2　文化产业集聚的学术研究成果统计——基于中国知网（单位：篇）

年份	文化产业发展			文化产业集聚			文化产业集群		
	全部期刊	核心期刊	硕博论文	全部期刊	核心期刊	硕博论文	全部期刊	核心期刊	硕博论文
2000	70	14	1	0	0	0	0	0	0
2001	105	33	2	0	0	0	0	0	0
2002	154	38	5	0	0	0	0	0	0

续表

年份	文化产业发展			文化产业集聚			文化产业集群		
	全部期刊	核心期刊	硕博论文	全部期刊	核心期刊	硕博论文	全部期刊	核心期刊	硕博论文
2003	275	82	5	0	0	0	0	0	0
2004	360	105	12	0	0	0	0	0	1
2005	431	114	41	0	0	0	1	1	0
2006	689	188	44	2	1	0	2	1	1
2007	725	188	72	1	1	1	14	4	5
2008	805	224	113	3	1	0	21	9	8
2009	1053	302	120	11	7	1	32	12	6
2010	1443	346	183	11	4	2	31	10	11
2011	1714	413	207	19	9	3	47	16	12
2012	2615	648	317	17	10	12	48	21	6
2013	2028	465	185	35	16	9	48	23	7
2014	1469	313	400	26	13	13	65	23	13
2015	1359	279	343	36	16	15	61	15	9
2016	881	167	73	13	8	2	30	4	2
合计	16176	3919	2123	174	86	58	400	139	81

注：所有数据截止到2016年9月份。

总结国内近几年对文化产业集聚的研究，主要包括以下方面：

以某个特定文化产业集聚区为研究对象：钱紫华（2006）以深圳大芬油画为例，对城市文化产业集聚体的发展路径进行了探索。周正兵（2009）对比分析了北京798模式化、深圳大芬村模式、中关村模式三个文化产业集群现象。胡腊妹（2011）以北京平谷区"中国乐谷"为例，研究了城市音乐创意文化产业集聚发展模式。顾江（2011）对浙江横店影视基地、珠三角地区的旅游文化产业的集聚动力和集聚效应进行了分析。宋充、程磊（2014）结合文化产业的地域性、文化特征、产业水平和管理经验等特点，以景德镇陶瓷文化为例分析了文化产业聚集区发展中存在的各种问题，并提出了相应的对策与建议。王敏、吕寒（2014）从以798为代表的艺术区发展普遍面临从原创艺术生产集聚地向商业交易集聚地转化的困境出发，从文化生态建设的视角探讨了文化产业聚集区可持续发展中所面临的问题。对于这一点，花建（2007）就指出政府部门、企业、大学和研究机构、中介服务机构是文化产业集聚区的4个基本组成部分，唯有四者有机结合，集聚区才能可持续发展。胡慧源、高莉莉（2013）也看到了此问题，指出文化产业集聚区的建设与发展应遵循自身规律。周显宝、刘小凡（2013）则是站在知识产权型人才培养的角度，探讨了文化产业聚集区的可持续发展关键所在。

以特定省份的文化产业集聚为研究对象：李艳燕（2011）对河南省2005—2011年的文化产业集聚区的现状进行统计分析。张锦（2016）认为在河南省文化产业集聚呈现出地域特色的鲜明性、投资主体的民间性、产业发展的有效性等基本特点，并在实践中表现为资源转化型、传统工艺传承型、文化产业园区带动型三种模式。梁君、陈显军（2012）对广西的文化产业集聚度进行实证研究，发现图书馆业、群众文化服务业、艺术科研机构业和其他文化及相关产业是静态集聚指数和动态集聚指数较高的产业；艺术业、艺术教育业、文化市场经营机构、文物业则为静态集聚指数和动态集聚指数较低的产业。潘冬青（2012）在实地调研的基础上，分析了宁波市文化创意产业集聚区的发展现状。戴钰（2013）借助新古典经济学和新经济地理学中的产业集聚理论，通过实证分析认为影响湖南省文化产业集聚发展的条件主要有四类：即要素禀赋、市场需求、关联产业和政府支持，同时发现文化产业集聚水平在各市州存在不均衡现象。席元凯（2014）利用江西省2007—2012年文化产业发展的相关数据分析，发现江西各地文化产业没有地方特色，未能很好地发挥产业集聚效应。

研究文化产业集聚机理：雷宏振（2010）通过对陕西省部分文化产业集群内部的问卷调查，发现文化产业集群内的知识共享性、网

第一章 导论

络外部性对产业集聚的影响至关重要。李义杰（2011）分析了文化创意产业集聚的传播学机制和动因。雷宏振和李义杰是从文化产业集聚内在动力的角度研究文化产业的集聚的，而姜长宝（2009）、薛东前等（2015）从外在动力和内在动因两个方面阐述了文化产业集聚机理，认为既有政府因素，也有企业因素。薛东前等以西安市文化产业发展的相关信息为基础，认为应从文化资源开发、消费市场的培育、政府机构的改革和文化产业发展等四个方面培育文化产业集聚发展的动力。但刘立云、雷宏振（2012）在对西安曲江"嵌入型"文化产业集群的形成过程研究发现，企业最初进驻文化产业开发区的主要目的是获取政策租，而并非由于区域因素导致的聚集；政府驱动下的开发区企业尽管并不必然与关联企业在空间上集中，但其技术和市场行为又必将导致知识"溢出"从而加强文化产业集聚效应。江瑶、高长春（2015）以1996—2009年全国30个省市区文化产业发展的数据为样本构建地区文化产业发展的经济计量模型，认为文化产业集聚水平和历史文化资源禀赋对文化产业的发展都存在重要的促进作用。

研究文化产业集聚的影响因素：姜长宝（2009）研究了具有区域特色的文化产业集聚发展的制约因素及对策；袁海（2010）利用2005—2008年的面板数据对中国省域文化产业集聚的影响因素进行了实证分析，得出的结论是：政府财政支持促进了文化产业集聚，而金融服务对文化产业集聚的影响不显著；文化消费需求、文化企业数量、人力资本水平与城市化对文化产业集聚有正面影响；沿海区位与文化资源禀赋有利于文化产业集聚；袁海（2011）运用空间计量模型对中国文化产业集聚的影响因素进行进一步的实证分析，研究发现中国文化产业存在明显的空间集聚性和空间相关性，邻近地区间的文化产业集聚具有正的溢出效应；黄永兴（2011）在新经济地理学分析框架下，采用空间面板计量模型，用1999—2008年省级数据，对中国文化产业集聚的影响因素及其溢出效应进行了实证分析，研究表明：沿海地区的区位和文化资源禀赋的优势促进了文化产业集聚的发展。此外，人力资本、交通运输、文化消费的提高也有利于文化产业集聚，并认为政府财政支持对文化产业集聚有正效应，但金融服务的影响并不显著，文化产业集聚存在空间正溢出效应。杨宇等（2014）利用 2006—2011 年中国 28 个区域的 Moran 指数研究发现经济基础对于文化产业空间集聚具有显著正向作用。

研究涉及文化产业集聚的空间特征：根据中国文化软实力研究中心等机构联合发布的《文化软实力蓝皮书：中国文化软实力研究报告（2010）》的基本结论，认为由于其产品的特殊性，文化产业具有空间集中的趋势，其表现就是区域性的文化产业集群。欧阳友权（2010）也认为我国文化基地的集聚化、文化产业集群化已是大势所趋。雷宏振（2011）、杨宇（2014）等学者的研究证实了上述结论，雷宏振通过对 2005—2009 年中国文化产业的集聚程度进行测定，从区域和行业两个维度总结出文化产业集聚特征，研究发现：中国文化产业出现较强的集聚现象，具有明显的地域和产业特色；杨宇利用 Moran 指数对文化产业空间集聚模式进行有效测度，显示我国文化产业空间集聚现象日益明显，但地区差异明显；袁海（2011）运用空间计量经济模型对经济地理与产业政策因素对中国文化产业区域集聚影响进行了实证分析，认为中国文化产业存在较明显的空间集聚性和空间相关性，邻接地区间的文化产业集聚具有正的溢出效应。邱珊（2016）利用全国 30 个省级行政单位 1999—2013 年的宏观统计数据对文化产业集中度进行测算，认为我国文化产业存在明显的区域发展不均衡现象，东部地区文化产业发展水平、集聚度及贡献度高于中西部地区，但西部地区文化产业的发展速度快于东部地区。胡慧源（2016）基于 2008—2013 年江苏省文化产业发展的数据，运用统计分析法和基于 ArcGIS 的区位熵法，从空间分布和演进两个维度对江苏文化产业空间演化进行了研究，发现江苏文化产业空间分布呈现出单中心等级差异，苏南文化产业空间集聚水平趋于下降，苏中反之，苏北则始终维持在较低水平，其空间结构从"一心一团多点"向"一心一带两极多点"演变。

三 简要述评

总体上，国内外理论界从空间经济学视角研究文化产业集聚的文章极少，已有的研究文化产业集聚机理的文章也大都缺乏严密有力的理论框架作为支撑。国内外研究涉及文化产业集聚空间特征的学者数量并不多，国内核心期刊上的高质量文章也较少。对文化产业集聚的动力机制进行深入探讨的文章更是非常缺乏。

第四节 本书的研究方法和分析框架

一 本书的研究方法

本书综合运用空间经济学、产业经济学、区域经济学的理论，采用文献研究、数理模型、实证研究等方法。具体说明如下：

1. 文献研究法。通过文献资料的收集整理、科学问题的归纳、理论问题的分析等方法全面地、正确地了解掌握所要研究问题，在此基础上提出本课题研究的科学问题，并进一步展开深入研究。

2. 数理模型法。在空间经济学的 TP 模型基础上，建立了适合分析文化产业集聚的数理模型。模型建立在基于消费者的效用最大化和厂商的利润最大化的一般均衡分析框架下，通过短期均衡和长期均衡的分析，清晰展示文化产业集聚的动力机制。

3. 实证研究法。本书综合运用探索性空间统计分析方法、静态和比较静态分析的统计方法、计量经济学分析方法，利用我国2001—2014年的省域数据，和2014年139个大城市的数据，对我国文化产业集聚的空间差异、我国文化产业集聚的动力机制和经济效应展开较系统全面的实证研究。

二 本书的分析框架

（一）主要内容

本书主要从空间经济学的视角对我国文化产业集聚的动力机制展开研究。

本书共八章，各章主要内容如下：

第一章是导论。主要介绍了选题的理论背景和现实意义、相关概念界定、对国内外关于文化产业集聚问题的研究现状进行分析述评、本书的研究方法、框架结构和可能的创新与不足。

第二章是相关理论基础。对空间经济学理论、文化产业发展的相关理论观点进行梳理，重点分析空间经济学的理论模型以及模型的核心工具。

第三章是我国文化产业集聚的空间统计分析。利用翔实的数据对2001—2011年我国文化产业集聚的演进过程进行描述性统计分析，按照东、中、西部的划分来具体分析我国文化产业集聚的空间状况，并总结分析了我国文化产业集聚的特征，为后面的理论研究和实证分析奠定了基础。

第四章是我国文化产业集聚动力机制的理论分析。首先从知识溢出、贸易自由度、本地市场需求、要素禀赋、历史文化积淀、地理位置条件、政策制度等方面定性分析文化产业集聚的动因。之后构建了修正的TP模型，设立模型的分析基础是"两地区、三部门、两要素"，两地区为北部和南部；三部门为文化产业的知识创新部门、文化产业的产品制造部门、传统部门；两要素是工人和知识分子。通过知识分子的生产（创新）与流动（移民）行为的分析、区域知识创新效率的差异分析，建立了适合分析我国文化产业集聚动力机制的数理模型。

第一章　导论

第五章是实证分析我国文化产业集聚的影响因素。用面板模型计量分析方法对2001—2011年我国31省的面板数据进行分析,验证贸易自由度、知识溢出、市场需求、要素禀赋、政府政策支持、历史文化资源对文化产业集聚的作用力。验证理论假设的同时,也为我国文化产业政策的制定提供一定依据。

第六章是实证分析我国文化产业集聚的经济效应。采用2014年我国139个大城市的数据进行计量经济学的实证分析,并探讨东中西三地区的经济效应差异,这对于认识我国目前文化产业集聚化发展对经济的作用方面有一定的实践意义。

第七章是政策建议。提出优化我国文化产业空间集聚化发展,提高文化产业的生产效率,加强文化产业区域协调发展的对策建议。

第八章是结论与展望。本章对本书的研究进行了概括和总结,同时对论文研究的不足进行了分析,设想未来进一步研究的方向。

(二) 分析框架

通过对我国文化产业集聚问题进行理论和实证研究:(1) 清晰地刻画出了我国文化产业集聚的空间特征;(2) 在Berliant和Fujita的TP模型的基础上,构建研究我国文化产业集聚动力机制的空间经济学理论模型;(3) 用面板模型计量经济方法实证分析我国文化产业集聚的影响因素;(4) 提出优化我国文化产业集聚化发展、加强地区间文化产业合作、促进我国文化产业协调发展的具体对策。

(三) 技术路线

图1-2是根据本书的主要研究内容和分析框架,所构建的技术路线图。

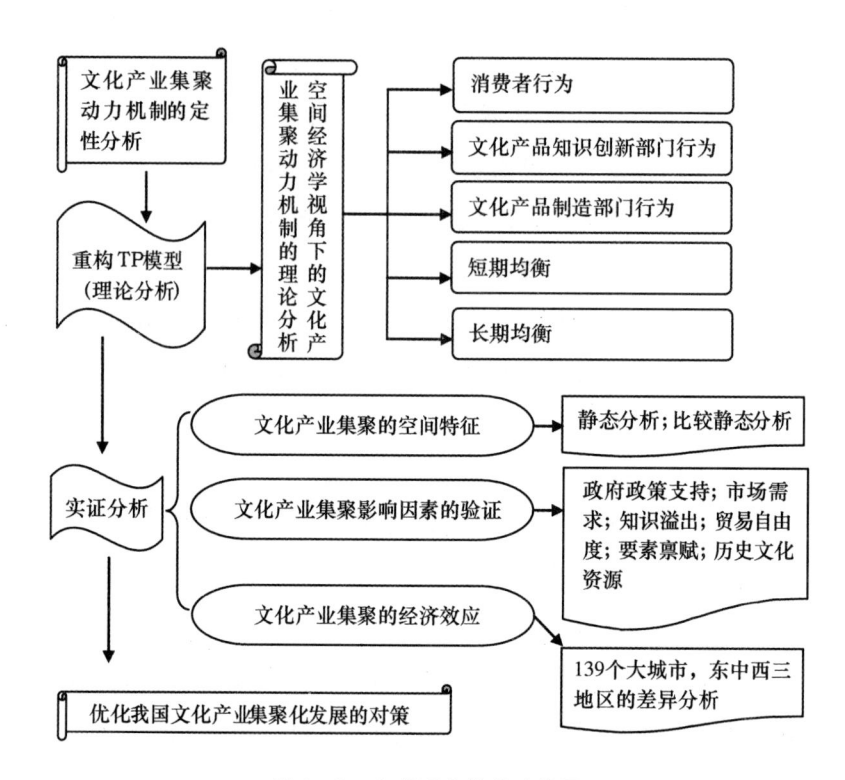

图 1-2　本书研究技术路线图

第五节　本书可能的创新与不足

一　本书可能的创新

第一，将近年来经济学研究领域中的前沿理论——同时包括时间和空间因素的基于垄断竞争和规模报酬递增的空间经济学 TP 模型引入文化产业的研究领域，在消费者效用最大化和企业利润最大化的微观一般均衡分析框架下，用数理模型详细阐述了文化产业中知识创新与传递的作用过程、系统内的经济关联和知识关联，并用数值模拟的方法论证了文化产业集聚的自发性。

第二，用翔实的数据和清晰的图表，深入分析了 2001—2014 年全国 31 省、自治区、直辖市的文化产业集聚的时间与空间变化。采

第一章 导论

用基于供给的区位熵视角和基于需求的区位熵视角来考量我国省域文化产业集聚水平，并用 Theil 指数和指数分解分析测算了我国文化产业集聚的空间差异、东中西三大地带内部差异和地带间地带差异。

第三，从理论上系统全面地概述了影响我国文化产业集聚水平的七个要素，又采用 2001—2014 年我国省域面板数据对我国文化产业集聚的影响因素进行实证检验，验证了贸易自由度、知识溢出、本地市场规模、要素禀赋、政府政策支持、历史文化资源对于文化产业集聚的不同作用力。

第四，从我国文化产业发展较好的 139 个大城市的现实数据，分析文化产业对经济增长的促进作用和地区差异。

第五，结合本书的理论和实证分析，提出优化我国文化产业集聚化发展的对策，使理论研究可以用于指导现实，更好地为社会经济发展服务。

二 本书的不足

第一，在 TP 模型的理论分析中，文章论述了文化产品之间替代弹性的大小对文化产业集聚的影响，但在实证检验时，由于数据的局限性，并未验证产品多样性对文化产业集聚的作用。

第二，实证分析过程中，由于数据的可得性问题和作者计量技术的局限，仅使用面板数据进行固定效应模型的分析，并未分析我国省域之间文化产业集聚的空间相关性问题。

第三，受数据获取的局限，本书分析我国文化产业的集聚水平、动力机制和经济效应时，并没有深入到文化产业各个行业进行调查研究，未考虑行业之间的差异性。

第二章

相关理论基础

本书的研究主题是文化产业集聚的动力机制，主要是基于空间经济学视角，那么对于空间经济学的主要理论和文化产业的相关理论观点，本章进行简要的梳理和概括。

第一节 空间经济学理论基础

经济学是从时间、空间和部门三个维度去探讨人类经济活动规律的学科。从空间视角研究经济活动的一般规律，是经济学科发展中不可或缺的重要领域。"空间经济学"在2008版的《新帕尔格雷夫经济学大辞典》中的解释为：空间经济学重点是指（稀缺）资源在空间上的配置以及经济活动的空间位置。广义的空间经济学包含了所有与空间维度有关的经济学科，如区域经济学、城市经济学、国际经济学、经济地理学等。狭义的空间经济学指的是以1991年克鲁格曼的《收益递增与经济地理》为标志，在此基础上建立起来的基于主流经济学的一般均衡分析框架的新经济地理学。

传统的空间经济理论被认为起始于李嘉图（David Ricardo, 1821）和杜能（Von Thünen, 1826）提出的非战略性区位理论，至今已经历了190多年的发展，但是长期以来，空间经济理论都没有作为

第二章 相关理论基础

一个独立的学科存在。到二战后，世界经济的区域差异巨大，一个国家内部不同地区的经济差距也日益严重，区域经济学的现实意义凸显，在学者们的推动下，区域经济学成为了一个独立学科。之后区域经济理论得到了较快的发展，但是由于在完全竞争和规模收益不变的框架下，区域经济理论无法建立起一般均衡分析模型，所以区域经济学一直游离在主流经济学之外，直到1991年新经济地理学的诞生，建立了垄断竞争和规模收益递增的一般均衡分析框架，将空间经济理论引入主流经济学领域中。本节就对空间经济学的主要理论进行梳理。

一 早期的区位理论

空间经济学的理论渊源，最早可以追溯到19世纪初的古典区位论。李嘉图（1821）提出不同地区的农业土地的肥力是不同的，研究农业时加入了地理因素，但他没有考虑运输成本。杜能（1826）最早将运输成本纳入分析中，但是却假设土地肥力是相同的，他假定存在一个外生的城市是人口集聚地，不同的农场主生产不同的农产品，离城市越近的土地租金越高，他计算出各种农产品组合的最佳地理分界线，得出区域均衡时农业分布形状是以中心城市为圆心的同心圆，即"杜能环（Thünen Ring）"（即圈层结构理论，Concentric Zone Theory）的结论。杜能对孤立国的描述，成为城市经济学的起源。

韦伯（Alfred Weber，1909）开创了工业区位论（Industrial Location Theory），并首次提出了集聚经济（Agglomeration Economies）的概念。他分析了影响工业区位的因素，包括运输成本、工人工资、丰富矿藏、专业劳动力市场等。韦伯提出产业集聚的两个阶段，第一是企业自身的规模扩张；第二是大企业向某个区域的集中，集聚受到四个因素的影响：生产的专业化、劳动力的专业化、专业市场的扩展与共享基础设施。新古典区位论的代表人物克里斯塔勒（Walter Christaller，1933）根据村落和市场区位，提出中心地理论（Central Place Theory）；廖什（August Losch，1939）用概括性的语言描述将一般均衡理论用于空间经济分析，考察了贸易和运输网络中的"中心地区"的区位问题。胡佛（Hoover，1937，1948）在韦伯的研究体系上做出修改，研究了运输费用构成和规模经济等问题；廖什（Losch，1940）在克里斯塔勒的理论基础上，提出产业的市场区位论（Market Location Theory），分析了多种产业的工业区位，认为规模经济与运输成本的相互作用使厂商在均衡时区位选择形成正六边形的市场结构。但是后来，米尔斯（Mills，1964）又证明了廖什的六边形市场区域是不合适的[①]。霍特林（Harold Hotelling，1929）提出战略性区位行为理论模型（Strategic Location Theory），又被称为"冰淇淋销售"模型，研究了当因空间位置差异产生非竞争性行为时，人们将采取战略性行为的情况。假定每个生产者可以自己定价，则他们选择区位和定价时，都要考虑竞争对手对他的行为所作出的反应，这与现实比较接近，但是这个区位博弈参与者的真实行为，至今仍无法准确预测。

总体上分析，区位理论的研究目标是为不同生产者找到最佳生产区位，使生产者降低生产成本，实现利润最大化，属于微观经济研究范畴。区位理论对空间经济研究做出了基础性的贡献：提出了运输成本问题，并将其作为内生变量研究；分析了土地利用问题；模型中的市场需求在空间上是非均质的；在完全竞争市场条件下，对经济活动的区位选择问题进行了静态局部均衡分析。

二战后，空间交互作用模型、系统论、运筹学、城市空间结构等理论方法的应用极大地促进了区位理论的发展，形成了地域空间结构阶段论、地域空间引力理论、城市空间结构论等理论的形成。被誉为

---

① 详见《新帕尔格雷夫经济学大辞典》中的"经济活动区位""空间经济学"和"区域经济学"等词条的解释。

※ 第二章 相关理论基础 ※

西方区域经济学的创始人的美国学者伊萨德（W. Isard, 1956, 1975）将之前的区位论研究者的模型整合到一个统一的框架，把区位问题看作是厂商在权衡运输成本与生产成本之间的一个选择，他立志要把空间问题引入核心的经济理论中，虽然他未提出包含区位的一般均衡模型，但是他对区域科学做出了巨大贡献——开创了区域经济学。

二 传统的区域经济发展理论

随着主流经济学研究从微观发展到宏观，学者们对空间经济的研究也逐渐从微观的区位研究过渡到宏观的区域经济分析。区域经济增长理论就是从宏观角度研究空间经济问题，分为均衡增长理论和非均衡增长理论两大类。

在新古典经济学的基本假定下，索罗—斯旺（Solow and Swan）的新古典增长模型是研究区域经济发展的一个重要成果。该增长模型假定要素自由流动、区域是开放性经济，研究结论是在区域经济不断增长的条件下，国家内部各地区的经济差异会缩小，呈收敛之势，即区域收敛（Regional Convergence）。他认为地区间经济失衡是短期的，均衡增长是长期的。美国经济学家杰弗里·威廉逊（Williamson Jeffrey G., 1956）用20世纪50年代24个国家的真实数据进行了实证检验，结果发现区域收入差距的动态过程"倒U型（Inverted-U Theory）"：在区域的初始发展阶段，区域收入差距会逐渐扩大，在经济发展到一定水平后，差距就开始逐渐缩小[1]。区域经济均衡增长理论也被称为空间均衡论，是在完全竞争、规模报酬不变、区际交易无成本的新古典经济学假设下，得出区际贸易可以使要素价格均等化、商品

---

[1] Williamson, J. G., "Regional Inequality and the Process of National Development: A Description of the Patterns", *Economic Development and Cultural Change*, 1965, 13 (2), pp. 560-570.

价格均等化、各地区之间的收入和福利也趋向均等化的结论。

　　资本主义国家在20世纪30年代的经济大危机时期，完成工业化的老工业区出现显著的衰退和萧条，政府采取了凯恩斯的国家干预政策后，开始重视城乡之间和区域之间的经济发展不平衡现象，并采取了一些措施促进落后地区的发展，缩小地区间的经济差异。二战后，进入和平发展时期的西方国家开始广泛重视区域经济问题，因为具有经济活力、技术先进、基础设施完备的重点建设地区，与劳动力外流、失业加剧、经济衰退的落后地区形成鲜明的对比，区域经济发展的两极化问题加剧。在此现实基础上，区域经济非均衡发展理论蓬勃发展起来。缪尔达尔（G. Myrdal, 1957）提出循环累计因果理论，他认为市场的力量常常会增加，而不是降低区际不平等。他提出发达地区和落后地区之间存在扩散效应（Spread Effect）和回流效应（Backwash Effect），扩散效应使生产要素和经济活动向落后地区流动，有利于区域差异的缩小，回流效应使生产要素和经济活动向发达地区流动，会导致区域差异的拉大，现实中回流效应远大于扩散效应，使地区间经济差异越来越大。赫希曼（A. O. Hirshman, 1958）也提出了相近的观点，他的理论被称为极化—涓滴效应（Polarization & Trickle-down Effect），他把经济相对发达区域称为"北方"，欠发达区域称为"南方"。北方的增长对南方将产生不利和有利的作用，分别称之为极化效应和涓滴效应。极化效应表现在随着北方的发展，南方的要素向北方流动，从而南方的经济发展能力被削弱，北方在市场竞争中处于有利地位。涓滴效应表现在北方可以缓解南方的就业压力，在互补情况下，北方从南方购买商品和增加投资，将有利于南方的发展。法国经济学家佩鲁（Francois Perroux, 1955）提出了增长极理论（Growth Pole Theory），认为增长不可能在同一时间在所有地区都出现，增长是在一些增长极以不同程度出现，然后通过各种途径扩散到其他地区，不同程度地影响到整个经济。布代维尔（J. R. Boudeville, 1966）

把佩鲁的增长极理论应用到区域经济分析中，提出区域增长极的概念，是指城市区内可以影响并引导经济活动发展的一系列推进型产业。约翰·弗里德曼（John Friedman，1966）从更高更现实的层面研究区域不平等问题，他提出中心—外围理论（Core and Periphery Theory），落后地区是与中心地区存在殖民关系并缺乏经济自主权的地区，他认为先进的理念、技术、资本、人才等促进发展经济的要素都来自中心地区，目前空间二元结构必然存在，而长远来看，随着区域经济的持续增长，空间经济会走向一体化的道路。

20世纪70年代以后，国家的发展战略逐渐从追求经济增长转向追求高就业率、共同富裕的发展战略，区域经济学者们的研究也更多地转向如何促进落后地区经济发展的问题上。随着计算机技术的普及和互联网的应用，区域经济学也向计量化、实证化方向发展，研究对象细化、深化、广化，比如对地区收入差距按行业、按地域单元进行分解研究；用计量模型测算区域经济增长的源泉、周期性；分析外资、政府政策对区域经济增长的贡献；用计算机技术对区域经济演化过程进行数值模拟等。在区域政策方面，学者们主要集中于区域经济可持续发展、区域政策的效果评价、宏观经济政策在区域的效应等方面。但是，一直到20世纪80年代，区域经济学仍然无法解释空间经济的一些现象，如循环累计因果关系机制中的价格竞争问题一直无法解决，各种理论都无法完美表述企业之间是如何竞争，以及如何制定价格的问题。

三 新兴的空间经济学理论

虽然经济活动的空间分布不均衡问题很早就被经济学者所重视，但是主流经济学的分析模型中一直缺乏空间维度。因为在阿罗-德布鲁（Arrow-Debru）的一般均衡的分析范式下，技术规模收益不变，如果在商品的属性中加入空间变量，空间设为均质，有运输成本，那么不存在包含区际贸易的空间均衡。这被称为"空间不可能定理"，由 Starrett 在 1978 年证明。所以，尽管区域经济学领域的学者研究了许多现实问题，为经济学的发展做出了贡献，但是技术上的困难使主流经济学一直无法将空间因素纳入（Krugman，1991）。Krugman（1991）的文章《收益递增和经济地理》，被称为空间经济学的开山之作，他在规模报酬递增和垄断竞争的一般均衡分析框架下引入空间分析，提出了著名的"中心—外围"模型，使空间分析进入了主流经济学家的视野。之后，空间经济学的研究得到了快速发展。

（一）空间经济学的核心理论

解决"空间不可能问题"，建立起包含空间因素的一般均衡框架下的微观经济模型，必须有技术的突破。1977 年，Dixit 和 Stiglitz 在《美国经济评论》上发表的文章"垄断竞争和最优的产品多样性"中建立了规模经济和垄断竞争下的均衡框架，后来被称为 D-S 模型。

D-S 模型把居民消费工业品和农产品组合的效用函数以柯布—道格拉斯函数形式表示；把居民消费具有一定替代性的多样化工业品组合的效用函数以不变替代弹性的效用函数形式表示。工业品生产企业的成本函数由固定成本和可变成本两部分组成。消费者追求效用最大化，工业品生产企业追求利润最大化，在一定约束条件下，可以达到帕累托最优。D-S 模型把垄断力量和市场扭曲区分开来，模型中的垄断力量使厂商可以采取边际成本加成定价方法来弥补固定成本，但并不能阻止其他厂商的自由进入。

空间经济学模型建立的另一个关键技术是如何处理运输费用，萨缪尔森提出的"冰山运输成本"，假设运输的货物是冰块，在运输过程中，冰块会融化一部分（一个固定的比例），而融化掉的产品的价值就是弥补运输成本的费用。这种设计比较简单，对将运输成本引入复杂模型非常有利，但是这种假设下，运输成本只和产品的价格有关，忽视了产品重量和产品种类的影响。

第二章 相关理论基础

克鲁格曼长期以来一直研究国际贸易和国际经济学，空间因素是他所关注的，他将D-S模型的建模方法和萨缪尔森的冰山运输成本结合起来，应用到空间经济的分析中，并利用计算机进行数值模拟，建立了著名的CP模型，解决了传统区域经济学者们无法解决的问题，使空间因素得以纳入主流经济学的均衡框架。

CP模型，即"核心—边缘"模型实现了基于消费者和生产者的区位选择基础上的一般均衡分析框架，模型中假设两个区域，两个部门（农业部门和工业部门），两种生产要素（农业劳动者和制造业工人）。农业部门使用农业劳动者生产同质的农产品，工业部门使用制造业工人生产异质的工业品。农民不能够跨区流动，工人可以跨区流动，消费者都偏好消费多样化的产品。两个区域可以自由贸易，农产品假设无贸易成本，工业品的跨区贸易遵循冰山交易成本。在这样的假设下得到以下结论：消费者多样化需求偏好是企业规模收益递增的主要原因；初始对称的两个区域，如果有偶然的非对称性冲击，使两个区域的制造业工人总数出现差异，此时如果运输成本很高时，系统就会自动回到对称分布状态，但是随着运输成本的降低，当低到某个值时，经济活动就会一直沿着冲击的方向，转移到一个区域，形成核心边缘结构；基于转移工人需求的本地市场效应和基于消费者生活成本的价格指数效应共同作用产生了经济活动的集聚力，而运输费用和农业劳动者的需求共同作用形成了经济活动的分散力。

（二）空间经济学的主要模型

克鲁格曼建立的CP模型可谓空间经济学模型（也称为NEG模型）的开山之作，它清晰地展示了交易成本、劳动力流动和经济集聚之间的关系。他认为地区之间的工资差异是工人跨区流动的内在原因，也是产业空间转移的主要原因，但是由于模型的假设比较复杂，最后无法得到实际工资之差的显性解，只能通过数值模拟来研究产业集聚的发生条件。后来，学者们在CP模型的基础上，改变假设条件，建立了一系列更具现实意义的理论模型。

Martin 和 Rogers（1995）建立了包含能够跨区流动的资本要素的自由资本模型（Footloose Capital Model，简称 FC 模型）。Ottaviano（1996）和 Forslid（1999）建立了包含可以跨区流动的企业家的自由企业家模型（Footloose-Entrepreneur Model，简称 FE 模型）。Baldwin（1999）构建了包含资本形成和资本折旧的资本创造模型（Constructed Capital Model，简称 CC 模型），模型中区域之间资本收益率的差异使广义的资本空间分布发生变化，长期均衡时资本总存量保持不变，经济增长是外生的。Martin 和 Ottaviano（1999）构建了包含内生增长因素的全域溢出模型（Global Spillovers Model，简称 GS 模型），Baldwin，Martin 和 Ottaviano（2001）在 GS 模型基础上建立了局域溢出模型（Local Spillovers Model，简称 LS 模型），GS 和 LS 模型改进了资本的形成成本，随着资本的积累，资本创造成本下降，此处的资本可以理解为知识资本。GS 模型假设知识资本溢出在空间上没有差别，LS 模型假设知识溢出随着距离的增加而强度下降。LS 模型与现实更为接近，解释了创新区域形成后就会自我强化的现象，LS 模型中集聚经济的长期经济增长率高于对称结构，显示出空间的内生的非中性特点。

区际要素流动性不强的情况下，集聚发生的机制是如何的？Krugman 和 Venables（1995），Fujita（1999）建立了反映那些源于企业间的投入产出联系而产生集聚的核心—边缘垂直关联模型（Core-Periphery Vertical-Linkage Model，简称 CPVL 模型），这个模型由于复杂而使可操作性降低，不能用于政府的政策分析。Robert-Nicoud（2002）建立了基于 FC 模型的自由资本垂直联系模型（Footloose Capital Vertical-Linkage Model，简称 FCVL 模型），模型中由于引入了部门之间的垂直联系，就出现了自我强化的聚集力。Ottaviano（2002）在 FE 模型的基础上建立了自由企业家垂直联系模型（Footloose-Entrepreneur Vertical-Linkage Model，简称 FEVL 模型），这个模型不但具有 CPVL 模型的主要特征和结论，还能得到内生变量的显性解，更具有分析和指导经济政策制定的现实意义。

学者们把 DS 模型、CES 效用函数、冰山运输成本合称为 DCI 框架，以上模型都是在 DCI 框架下建立的。Ottaviano（2001）建立了使用准线性二次效用函数和线性运输费用的线性自由资本模型（简称 LFC 模型）；Ottaviano，Tabuchi 和 Thisse（2002）建立了线性自由企业家模型（简称 LFE 模型）。线性模型框架下，预期在区位选择中的作用被引入并加以讨论，弥补了 DCI 框架的不足。Berliant 和 Fujita（2006，2007）建立了基于知识关联的知识溢出和创造模型（Two person's model，简称 TP 模型），TP 模型也是一个内生增长模型。

这些模型可以分为三类：第一类是要素总量不变的，如 CP、FC、FE、LFC、LFE 模型；第二类是要素总量发生改变的，包含增长的模型，如 CC、GS、LS、TP 模型；第三类是加入中间投入品，研究产业之间的联系紧密程度的垂直联系模型，如 CPVL、FEVL、FCVL。

（三）近年空间经济学的应用进展

国内外学者们在近年在空间经济学的分析框架下，改变理论的前提假设以丰富理论系统，或将已有理论模型应用到不同产业领域不同地区的经济问题的分析中，下面将一些代表性的研究成果列出。

1. 国外学者应用空间经济学的进展

早期的 NEG 模型假设企业和劳动者都是同质的，这与现实差距较大。一些学者放松这一假设，研究异质性下的产业集聚问题，被称为新新经济地理学。Tabuchi 和 Thisse（2002）研究了消费者的异质性偏好和劳动者空间转移的关系，认为异质性偏好会产生强烈的分散力。Melitz（2003）从企业异质性的角度出发分析现实问题，认为一个行业的众多企业存在较大的生产率差异，生产率高的企业会选择出口，生产率低的企业则选择国内销售，本地市场效应是主要的集聚力。Helpman（2004）研究了异质性出口企业的经济行为，认为贸易自由度①的提升，也就是产业的对外开放有利于优势资源在空间的集中，并伴随着企业对要素的再选择和资源的再分配，使产业得以优化升级。Tomoya Mori（2005）研究了技能异质性在解释由金钱外部性所引致的区位模式时的作用。在这样的设定中，拥有高技能工人的卖方在市场上表现更好，销售更多。到越远的地方销售销售额越低，因为运输成本和沟通成本都会降低商品的感知质量。对称破裂的结果就产生了，对称结构不稳定，地区差异不可避免，相对更熟练的劳动者选择待在总体收入和技能更高的区域，而相对技能低的劳动者待在另一区域。Tomoya Mori 建立了一个新的包含劳动者异质性的模型，并分析了在地区间经济发展差异与劳动者间技能差异的关联。Mark Roberts，Uwe Deichmann，Bernard Fingleton（2012）采取了一个基于结构的新经济地理模型评估方法，检测了中国国家高速公路网络的经济影响。得到结论是中国国家高速公路网络增加了大约 6% 的中国实际收入；网络并没有缩小空间或者城乡收入差距；网络的经济影响的估算是短期的，并未考虑机会成本。

2. 空间经济学在国内的发展

国内最早出版的《空间经济学》的作者是卢嘉瑞，时间是 1995 年，他提出的空间经济学完全不同于西方经济学中的空间经济学，他主要分析了空间向度、空间生产力、空间资源和空间经济这四部分内容。2005 年是国内空间经济学研究极为重要的一年，这一年出版了安虎森教授编著的《新经济地理学原理》和梁琦教授主译的《空间经济学——城市、区域与国际贸易》。《新经济地理学原理》一书系

---

① 贸易自由度（trade freeness）是空间经济学的一个专业术语，它是衡量地区之间开展贸易的难易程度的一个指标。地区之间进行贸易会受到多种因素的制约，如地方保护政策、地区交通状况、贸易壁垒和信息交易成本等，在这些因素的影响下，对外贸易强度会受到制约。贸易自由度越小，对外贸易受到的阻碍就越大，对外贸易额就会越小；贸易自由度越高，意味着开展贸易的交易成本较低，贸易的进行更加便利，对外贸易额随之越大。

第二章 相关理论基础

统总结了空间经济学过去十多年的成果,详述了新经济地理学的核心思想、建模技巧、核心结论和政策分析工具,对经典的迪克西特—斯蒂格利茨模型、核心—边缘模型、自由资本模型、自由企业家模型、资本创造模型、全域和局域溢出模型、垂直联系模型、知识创新与扩散模型等。安虎森教授的这本著作被许多高校作为研究生教材,奉为国内学习空间经济学必看的经典书籍。《空间经济学——城市、区域与国际贸易》一书是由三位世界顶级经济学家合作著成,是当今全球公认的空间经济学经典教材,这三位大家是美国麻省理工学院的保罗·克鲁格曼(Prugman Krugman)、日本京都大学的藤田昌久(Masahisa Fjuita)和英国伦敦经济学院的安东尼·J. 维纳伯尔斯(Anthony J. Venables),原著于1999年出版。书中系统阐述了空间经济学的四个立足点:计算机数值模拟、演进、冰山运输成本和迪克西特—斯蒂格利茨模型,并将之应用于区域、城市体系和国际贸易问题的分析中。梁琦的认真翻译和精彩作序使这本巨著得以被更多国内学者关注。这两本书的出版为国内渴望研究空间经济学的学者带来了福音,之后越来越多的学者投入到这一领域的研究中,并产生了一系列的研究成果。2009年出版的赵伟教授的《空间经济学:理论与实证新进展》一书是区域与空间经济学领域国际学术交流活动和国内相关专业博士生研究的共同结晶。书中将空间经济学理论应用于现实问题的分析,如长三角经济、品牌农业、日本京阪神地区经济,同时也对区域经济增长问题和空间经济学的方法论问题加以讨论。

影响较大的文章有:陈建军(2008)以长江三角洲次区域为例分析产业集聚的集聚效应。文章建立了垄断竞争的经济增长框架,并用向量误差修正模型、协整分析、格兰杰因果分析方法建议了长三角次区域的产业集聚对经济发展、技术进步和索洛剩余递增的集聚效应。马骥(2009)分析了知识创新、产业集聚与区域经济增长问题,认为集聚经济是生产效率最高的集聚结构,我国实现区域协调发展需要政府增加对欠发达地区的科技投入，并保护欠发达地区的市场和产业。何雄浪（2012）分析了企业异质性和产业集聚的关系，认为消费者的异质性偏好在区域间的差异决定了劳动力的空间转移方向，消费者偏好更多样化的区域吸引更多劳动者和企业的转入，就形成经济集聚区，也就是发达地区。而欠发达地区由于存在劳动者的市场需求，就业竞争较弱，所以也有部分劳动者回流。经济发展的长期均衡不可能存在棒棒均衡。

（四）空间经济学的主要创新之处

综上所述，空间经济学的主要贡献是建立了在垄断竞争、规模收益递增分析框架下的包含空间因素的一般均衡分析框架，这相对之前的完全竞争和规模收益不变的理论模型更接近经济现实。空间经济学借助 D-S 模型，"冰山运输成本"，计算机的数值模拟等工具清晰深入地分析集聚活动空间集聚的内生性和变化过程，让我们得以认识经济集聚的发生机制和影响因素。本书就利用空间经济学理论模型的规范和巧妙设定，来分析我国文化产业集聚动力机制这一现实问题。

第二节　文化产业发展的相关理论观点

发展文化产业，首先要树立文化的产业化发展观念，意识到文化产业发展与经济增长方式转变之间的关系，继而需要掌握文化产业发展的一般规律和文化产业的基本运行机制。下面就重点分析相关的理论观点。

一　树立文化的产业化发展的观念

从概念提出的那天起，"文化产业"就有颇多争议。阿多诺、霍克海姆（Theodor Wiesengrund Adorno, M. Max Horkheimer, 1947）以艺术与哲学价值评判为视角对"文化产业"的发展予以全面的否定。

第二章 相关理论基础

首先,"产业化"把"分割了数千年的高雅艺术和低俗艺术的领域强行聚合在一起",结果是"高雅艺术的严肃性在它的效用被投机利用时遭到毁灭;低俗艺术的严肃性在文明的重压下消失殆尽"。其次,文化的"产业化"发展使得文化产品具有的"商品拜物教(fetishism)"特性,会造成人们对"大众文化"的过度依赖。最后,"文化产业"这个词的关键在于"产业",而非"文化",大规模产业化的代价是文化"真实性"的丧失和文化发展的模式化。沃尔特·本雅明(Walter Benjamin,1926)则不这么看:认为工业化背景下对艺术品及其内容的复制,会使得文学艺术作品出现"质"的变化:这一方面,会使艺术作品的传播不会受到来自时间与空间的限制,从根本上改变文化的存在方式以及消费方式;另一方面,把文化消费从传统"顶礼膜拜"中给解放出来,使其成为大众可参与的日常行为,大众成为了文化和艺术产品的消费主体,有助于提升艺术创作的活力。随着历史变迁和语境的扩展,现在"文化产业"已经演变为一个"中性"概念了,它表示一种客观的文化发展现象。

中国学术界对文化产业的研究,也是经历了从"否定"到"肯定"的历史变迁过程。在计划经济体制下,文化是被作为一种"事业"而由国家经营的,不计成本、不讲效益,而成为国家提供的一种"福利",忽略了文化的"产业化"性质。以市场化为导向的经济体制改革,为文化产业的发展奠定了基础,尤其是20世纪90年代末的那场关于"大众文化"的大讨论,使得发展"文化产业"逐步得到社会认可,并上升到国家的战略层面。文化的"产业化"发展,使得文化产品的生产对社会引导作用日趋明显:需求对供给的引导、消费对生产的引导、市场对产业的引导等。文化的产业化发展观念的树立,实质上是一种文化经济政策的变迁过程,具体如下:(1)使得文化产品的商品价值被社会所承认,文化产品的生产转变为商品生产和商业服务,同时"产业化"使得文化产品的规模化生产成为可能,并逐渐发展成为国家的支柱性战略产业,获得国家优惠政策的支持。(2)避免国家直接介入资金的投入和分配,通过非指令性的"诱导"方式(如经济立法和经济措施等),引导社会文化按照市场规律要求,更好更快地发展,从而实现文化产业的发展与社会发展同步。(3)用"产业化"的观念,划分"文化产业"和"文化事业"和国民经济各部门之间的层次,并以其中的"结构"为中心形成研究领域,为文化产业的研究奠定了基础。

二 文化产业与经济发展方式转变

经济发展方式是指推动国民经济发展的各种生产要素的投入及其组合方式。一般说来,若经济发展主要依赖土地、劳动和资本等要素投入的增长,此即为粗放型的经济发展方式,若主要依赖技术进步、文化创新和制度变革,则为集约型的经济发展方式。不同的经济发展方式,对应着不同的经济发展阶段,经济发展方式的差别反映了生产力水平的差异。传统的农业文明主要依赖土地和劳动力的增长,工业文明主要依赖机器和资本的作用,而当前的信息社会则要依赖于信息技术和文化的创新。文化产业的发展最大限度地发挥了人类智慧在财富创造过程中的作用:一方面,提高了对自然资源的利用效率,另一方面,减少了对自然资源的高度依赖性。巨大的财富累积效应,使得文化产业成为一国或地区经济发展方式现代化的重要标志。事实上,人类历史上任何一次科学技术革命,都有赖于人文意义上的文化革命的进步,人类社会的每一次进步都是思想解放的产物,如欧洲文艺复兴直接导致西方的资本主义萌芽。

(一)文化产业逐渐演变为支柱型产业

文化产业所具有的知识密集、技术含量高的特征,使得文化具有逆"戈森定律"的功能:即文化使资本出现边际报酬递增的现象,"文化既是文化财产,同时又是经济源泉。投资艺术将对一个地方的

第二章 相关理论基础

整体经济产生影响,它有着乘数效益,艺术将使得旅游业大受裨益,从而推动工业的发展,提高不动产的价值"①。以数字化、网络化为特征的文化产业,已经发展成为许多发达国家的支柱型产业,如在美国,1998年文化产业已经超越农业和飞机制造而成为第一产业,2011其产值占GDP的比重达到了31%以上;在日本,文化产业的经济比重也达到了20%。此外,文化产业的发展也促使与文化相关联的其他产业迅速崛起,如电视机、音响设备等家电产业等。

（二）文化产业成为新的经济增长点

在向后工业化的服务型社会的转型中,文化产业的重要性日益凸显。"产业下游化"是一条客观规律,早在17世纪威廉·配第（William Petty）就看到这一点：随着经济的不断发展,产业中心会向无形的服务性生产转变,劳动力也必然会由农业向工业转移,进而由工转商。20世纪40年代,美国经济学家克拉克（John Bates Clark）也意识到这一规律：随着经济的发展,社会就业结构将由第一产业向第二产业、第三产业转移,此即为"配第—克拉克定律（Petty-Clark Theory）"。后来的发达国家向服务型社会的转型,证明了此规律的确是存在的。融合现代化的科学技术与文化创意的文化产业,已经成为国民经济中最有活力、投资回报最为丰厚的领域,从而成为未来世界新的增长点,被称之为"朝阳产业"。

（三）文化产业成为综合国力竞争的主要源泉

在当今世界的经济格局中,综合国力的竞争不仅仅是传统工商企业的竞争,更是科技、教育和文化等的竞争。在国际贸易中,文化产业已经成为发达国家对外贸易中最重要的出口项目,如今最能代表美国出口竞争力的,不是飞机制造,而是美国大片。

---

① ［美］约翰·奈斯比特、帕特里夏·阿伯丁：《2000年大趋势：20世纪90年代全球十大新方向》,夏冠颜等译,中国人民大学出版社1988年版,第24页。

三　文化产业发展的一般规律

工业化在推动社会生产力巨大发展的同时，也促使了文化产业的兴起与发展。在前工业化时期，文化产品以手工生产和个人生产为主，由于其所具有的难以复制性，并且产量小、成本高的特征，因此常为特权阶层、少数富人所享有而成为奢侈品。工业革命的文明成果和市场经济催生了文化产业组织形式的新变化，现代科技手段使得文化产品被大量复制，从而大大降低了文化产品的生产成本，这使得文化产品能够"接地气"地走进民间大众，让大众也能普遍地享受文化成果。到今天，对"文化产业"的研究，已经不再是一个纯粹社会性的视角，而转向到产业经济领域（Hesmondhalgh，2007）。

（一）文化企业的市场主体地位明确

第一，改变了原有的文化的事业单位性质，按照现代企业制度的要求组建文化企业或企业集团，实施规范化的法人治理结构。第二，政府退至幕后，使文化企业真正实现自主经营、自负盈亏，这一方面使文化企业承担了来自市场竞争的压力，另一方面增强了文化企业的经营活力，不断改善经营业绩、加快产品和服务的创新。

（二）文化产业的集体化和聚集化发展

第一，市场机制的优胜劣汰作用，促使文化企业实现并购与重组，从而形成了一大批文化产业集团，取得内在规模经济效应。第二，文化产业所具有的聚集化发展现象，一方面是由于文化产品的特殊性（文化的根植性、文化资源的不可复制性和稀缺性等），另一方面，是因为文化产业本身的"4C"特征：即文化（cultural）、合作（cooperative）、欢乐（convivial）、创意（creative）（Yu-Yuan Ko，2009），两个方面的共同作用使得文化产业具有在空间上集聚的趋势。

（三）文化产业发展的环境不断优化

大力发展文化产业，已经成为全国上下的共识，无论是政府还是企业，无论是学术界还是普通民众，都意识到了经济与文化共同发展是不可抗拒的时代潮流。第一，政府积极转变职能，实现由"办文化"向"管文化"的转变，从发展导向、总量控制、区域布局、结构调整等各方面对文化企业的经营行为和文化市场的经营活动进行宏观调控。第二，在WTO的框架协议下，根据国际惯例和国际标准的要求完善相应的法律法规。一方面，大力开发和生产具有本土特色的文化产品，并积极开展文化合作；另一方面，加强对知识产权的保护，推动和保护知识创新和技术创新。第三，积极吸纳民间资本和外资，发展文化产业，培育多元化的投资主体。

四 文化产业的运行机制

不同于物质部门，文化产业的发展既要遵循产业发展的一般规律，更要考虑文化产业自身的特殊性。首先，不同于其他产品的生产，文化产品的生产首先表现为精神生产，即文化产品的创作，反映文化成果所体现的社会意识形态的本质特性；在此基础上，进入文化产业的物质生产过程，即文化产品的复制，使精神产品物质化，取得文化产品的物质形态。其次，不同于其他物质产品的一次性的实物硬性消费，文化产品是可以多次、重复消费的，其价值会因消费主体的重复消费行为而产生价值增值。再次，不同于其他物质产业，主要追求经济效益，也不同于文化事业的重在社会效益，文化企业的特点决定了必须注重经济效益，但社会意识形态功能又决定了文化产业必须强调社会效益。文化产业追求经济效益和社会效益的统一。最后，不同于物质产品，其使用价值会随着其物质载体的磨损而灭失，文化产品所凝聚的精神内容不会因为使用而灭失，因而文化产品是可以代代传承的。

文化产业的运行机制是以组织系统为载体，以利益和竞争为驱动力，在国家宏观调控的背景下发挥市场机制的基础性作用，从而推动文化产业健康、协调、可持续发展。具体说明：（1）组织系统。包括文化产业的生产企业、提供文化服务的企业以及文化中介机构。生产企业从事文化创意、文化产品的复制工作；文化服务企业是指直接从事文化旅游业和休闲娱乐的企业；文化中介机构是连接文化产业生产、流通和消费诸环节的服务性企业，是沟通政府、文化企事业单位、消费者和市场之间的桥梁和纽带。（2）动力机制。首先，根本动力：利益调节与约束机制。在经济利益关系的驱动下，通过市场机制的作用，引导人才、技术、资金的合理流动。其次，内在动力：科学技术进步。利用先进科技手段，一方面降低了文化产品的生产成本，提高了经济效益；另一方面创新文化品种，形成竞争优势，促使人才、资金和技术流向文化产业集聚区。创新是文化产业发展的源动力，人才支撑了产业创新动力；科学技术进步增强了文化产业发展的后劲，而资金融通为文化产业扩大再生产提供血液。（3）关键条件。中国是世界人口大国，同时又是最大的发展中国家，拥有广阔的文化市场，这一方面支持了中国文化产业的快速发展，成为中国文化产业发展的关键条件，另一方面吸引了众多传媒巨擘进入中国市场。（4）调控机制。一方面要发挥市场机制在配置经济资源的基础性、根本性作用，实现文化企业的优胜劣汰，提高文化产业的经营效率。另一方面要加强政府的宏观调控，解决市场机制所无法解决的问题（如总量控制、外部性、公共物品、垄断等），促进文化产业的健康发展。

第三章

我国文化产业集聚的空间统计分析

改革开放以来，我国经济发展的中心都是制造业。但在知识经济的背景下，文化产业占据越来越高的经济比重。美国学者米切尔·J.沃尔夫（Michael J. Wolf）提出文化娱乐正成为拉动世界经济增长的新引擎，而非汽车、钢铁、金融服务等。如今在诸多发达国家，文化产业已经成为促进经济增长的支柱产业，如美国电影产业，其出口额在美国出口商品中位居第二，仅次于航空产业；日本的动漫、唱片、出版业，其产值占据了全球市场的半壁江山。中国文化部出台的《关于支持和促进文化产业发展的若干意见》（2003），明确指出一方面要大力繁荣文化事业，另一方面要积极发展文化产业。之后各级政府纷纷出台刺激文化产业发展的支持政策，2012年2月《国家"十二五"时期文化改革发展规划纲要》更是提出：要把文化产业作为支柱性产业来发展，其经济比重要达到5%以上。本章就近十年来的我国文化产业发展的时空变化进行全面深入多角度的分析。

第一节 我国文化产业的动态演进及其发展水平

一 中国文化产业的动态演进

关于文化产业的发展阶段，学术界存在三种说法：第一种说法是将其划分为"酝酿、探索阶段"和"加速发展阶段"两个时期，以中共十六大做出的"深化文化体制改革和发展文化产业"的战略部署为分水岭[①]。第二种说法从文化体制改革的角度，将其划分为"初期发展阶段（以'文化事业'为基本特征）"、"探索发展阶段（以'事业单位、企业管理'为基本特征）"和"全面提速和全面融入国民经济发展总体战略的阶段"三个阶段[②]。第三种说法从文化产业的制度变迁角度，将其划分为起步阶段（1978—1992年，基调是管制）、探索阶段（1993—2001年，基调是规范）、拓展阶段（2002—2008年，基调是鼓励）、转型阶段（2009年至今，基调是扶持）[③]。笔者综合学术界的观点将中国文化产业的动态演进过程划分为三个阶段：

（一）文化产业的萌芽和确立时期

这个阶段从1979年广州东方宾馆率先推出的营业性音乐茶座开始，到文化部组建文化产业司，中国的文化产业经历了一个不被承认到被承认的过程，文化产业在艰难困苦中萌生并缓慢发展。新华书店、出版社等莫不是文化产业，但在计划经济体制下被统一于社会主义计划经济体制之下，不以营利为目的而不被看成是产业。随着经济体制改革的深入，文化功能日趋多样化和丰富，以营业性舞会和音乐茶座为发端的文化市场逐渐活跃，1987年文化部等三部门联合发布《关于改进舞会管理的通知》，正式认可了文化娱乐的经营性质。1988年文化部又联合工商总局发布《关于加强文化市场管理工作的通知》，正式提出"文化市场"的

---

① 颜彦、张乐：《聚焦浙商"文化投资热"》，《半月谈》2004年第15期，第24—25页。
② 杜振威：《论我国文化产业的发展——WTO与文化产业市场前景分析》，《市场周刊》2005年第1期，第94—96页。
③ 该种划分是由"智库重庆论坛"发布的重庆智库月度报告给出的，详情请见《重庆智库发布〈中国文化产业发展的四个阶段和七大趋势〉》，载《重庆日报》2016年5月13日第5版。

概念。1992年国务院办公厅综合司编著《重大战略决策——加快发展第三产业》一书，是我国政府主管部门第一次使用"文化产业"的说法。此后，文化部于1989年设立了市场管理局，在1998年又组建了文化产业司。政府主管部门不仅正式承认了"文化产业"的合法性，而且为"文化产业"的发展提供了实践基础。

（二）文化产业起步发展阶段

这个阶段从2000年中共十五届五中全会《中共中央关于制定国民经济和社会发展第十个五年计划的建议》明确使用"文化产业"的概念开始，到2009年《文化产业振兴规划》的出台，中国的文化产业进入实质性的启动阶段，新兴产业异军突起而备受关注。国家陆续出台了一系列规范、鼓励文化产业发展的法律法规和政策措施。首先，将文化产业和文化事业做了明确区分。2002年党的十六大报告提出"要积极发展文化事业和文化产业"，首次将文化产业和文化事业作了区分。文化事业强调社会公益目标，实行公益性管理体制；文化产业是从事文化产品生产和提供文化服务的经营性行业，实行经营性企业管理体制。这使得文化事业和文化产业的发展有了各自明确的目标和政策依据。其次，详细界定"文化产业"的内涵。2003年文化部下发的《关于支持和促进文化产业发展的若干意见》将文化产业界定为"从事文化产品生产和提供文化服务的经营性行业"。2004年国家统计局联合有关部委制定《文化及相关产业分类》，将文化及相关产业界定为：为社会公众提供文化娱乐产品和服务的活动，以及与这些活动有关联的活动的集合。界定"文化产业"的内涵，使得文化产业的发展方向更加明晰。最后，出台一系列法律法规规范和鼓励文化产业的发展。从文化产业准入政策上看，2005年国务院出台了《关于鼓励支持和引导个体私营等非公有制经济发展的若干意见》《关于非公有资本进入文化产业的若干决定》，2005年文化部联合五部委出台了《关于文化领域引进外资的若干意见的通知》。从文化产业规范发展上看，先后颁布了《关于加强文化产品进口管理的办法》《关于进一步加强和改进文化产品和服务出口工作的意见》《关于文化体制改革中经营性文化事业单位转制为企业的若干税收政策问题的通知》和《关于文化体制改革试点中支持文化产业发展若干税收政策问题的通知》等。

（三）文化产业高速成长时期

这个阶段从2010年党的十七届五中全会通过的《中共中央关于制定国民经济和社会发展第十二个五年规划的建议》提出"推动文化产业成为国民经济支柱性产业"开始。这是中国最高决策机构第一次正式提出要将文化产业作为国民经济支柱产业，充分体现了国家对文化产业发展的重视。随后的2011年，党的十七届六中全会通过了《中共中央关于深化文化体制改革、推动社会主义文化大发展大繁荣若干重大问题的决定》，确立文化产业在全面建设小康社会的战略性地位，正式开启了中国文化产业发展的全新时代。2012年文化部正式发布了《文化部"十二五时期"文化产业倍增计划》，要实现"文化产业增加值年平均现价增长速度要高于20%，2015年的文化产业增加值比2010年至少翻一番"的目标。根据国家统计局的数据，从2005年到2010年文化产业增加值平均保持在25%的年增速，从2011年到2015年基本保持在15%左右，都远高于同期GDP增长率。2010年，我国网络出版、手机出版、动漫网游和数字印刷等战略性新兴文化产业增长速度超过50%，北京、上海、广东、云南、湖北、湖南等地的文化产业增加值占国民经济比重已超过或接近5%。

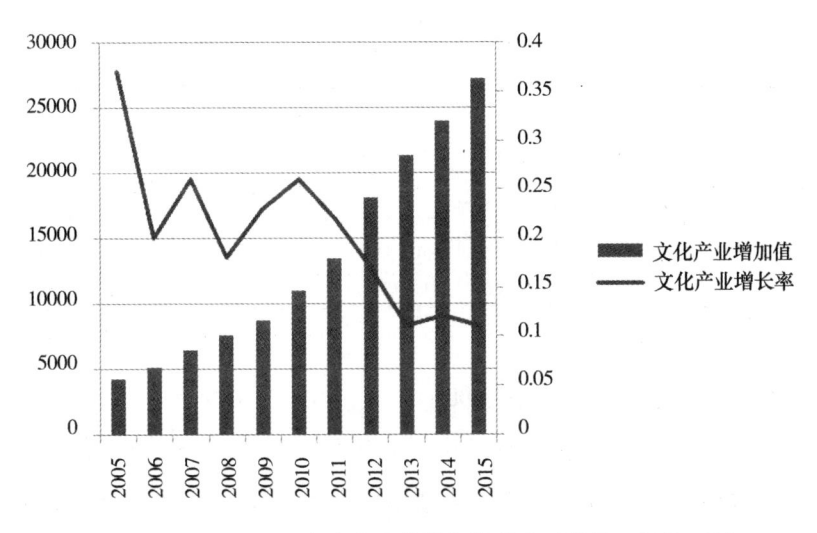

※ 第三章 我国文化产业集聚的空间统计分析 ※

图 3-1 2005—2015 年文化产业增加值变动（单位：亿元，%）

二 中国文化产业的总体发展水平

（一）文化产业的机构和从业人员数量

2014年，全国文化及相关产业注册的法人单位数99.62万个，其中文化制造业的法人单位数为17.26万个，文化批发和零售业的法人单位数为15.28万个，文化服务业的法人单位数为67.08万个；全国文化及相关产业的从业人员为811.80万人，其中文化制造业的从业人数为519.72万人，文化批发和零售业的从业人数为52.12万人，文化服务业的从业人数为239.97万人。从官方的统计数据上看，2008年以来文化产业的机构数呈现快速增长的态势，但从业人员的人数显示出了较大的波动，这可能与中国文化事业单位的企业化改制及其人事制度改革密切相关，中国的文化产业正经历着一波结构调整和优化的浪潮（详见表3-1）。

表3-1 文化产业的机构和从业人员统计 (单位：万个、万人)

	文化产业		文化制造业		文化批发和零售业		文化服务业	
	机构数	从业人员	机构数	从业人员	机构数	从业人员	机构数	从业人员
2008年	46.08	1008.22	8.88	508.14	5.53	63.59	31.66	436.49
2012年	66.30	699.42	13.30	460.39	11.34	50.99	41.66	188.04
2013年	91.85	1760.0	16.25	805.5	13.99	146.1	61.61	808.4
2014年	99.62	811.80	17.26	519.72	15.28	52.12	67.08	239.97

（二）文化产业的投资情况

改革开放以来，中国的文化产业构建了日臻完善的投融资体系，形成了以内资企业为主体、包括港澳台商投资企业和外商投资企业的多元化投资格局。2014年，在中国内地注册的文化企业中内资企业共有40385个，其中文化制造业企业15179个，文化批发和零售业企业8183个，文化服务业企业17023个；港澳台商投资企业共2865个，其中文化制造业企业2148个，文化批发和零售业企业共178个，文化服务企业539个；外商投资企业共2549个，其中文化制造业企业1721个，文化批发和零售业企业159个，文化服务业企业669个（详见表3-2）。

表3-2 文化产业各行业的投资主体

	文化制造业			文化批发和零售业			文化服务业		
	内资企业	港澳台商投资企业	外商投资企业	内资企业	港澳台商投资企业	外商投资企业	内资企业	港澳台商投资企业	外商投资企业
2012年	12089	2132	1719	6426	147	223	12259	559	915
2014年	15179	2148	1721	8183	178	159	17023	539	669

就文化产业的固定资产投资额而言，2011年是一个转折点：2011年之前固定资产投资的增长总体来看是较为平稳的，从2011年开始呈现出快速增长的态势；就文化产业的投资建设项目数量来看，

第三章 我国文化产业集聚的空间统计分析

2005年以来呈现出总体增长趋势,但在2008—2011年出现一定程度波动,究其原因可能是受美国金融危机的冲击导致投资者对未来市场前景担忧造成的。之后借助国家刺激内需政策,文化产业投资逆势而上,基本建设投资实现较大幅度的增长。

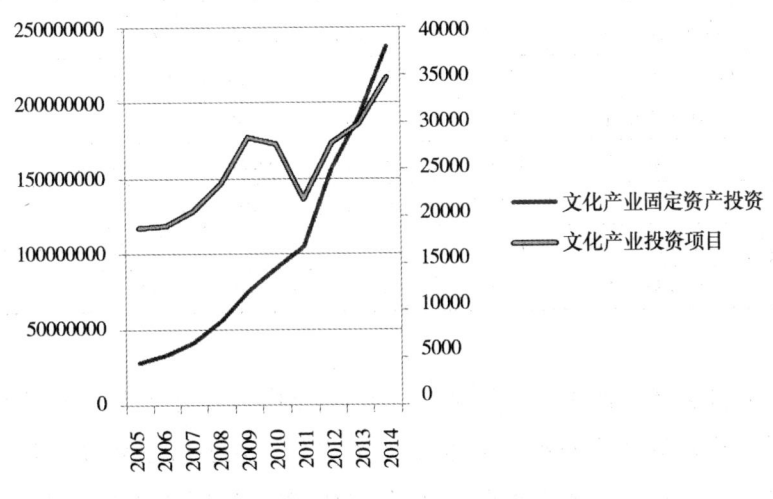

图3-2 文化产业投资情况统计（单位：万元，个）

（三）文化产业的经营情况

就文化产业的营业情况而言，2014年全国文化企业实现总收入为73841.02亿元，其中主营业务实现收入72838.21亿元。从文化产业各行业来看，文化制造业实现营业收入42309.10亿元（其中主营业务收入41696.76亿元），文化批发和零售业实现营业收入14702.55亿元（其中主营业务收入14564.73亿元），文化服务业实现营业收入16829.37亿元（其中主营业务收入16576.72亿元）；从文化产业各投资主体来看，内资企业实现营业收入51147.99亿元（其中主营业务收入50564.90亿元），港澳台商投资企业实现营业收入10489.66亿元（其中主营业务收入10209.73亿元），外商投资企业实现营业收入12203.36亿元（其中主营业务收入12063.58亿元）。

表3-3 文化产业各行业规模以上企业的营业收入和成本（单位：亿元）

行业	投资主体	营业收入 2012年	营业收入 2014年	主营业务收入 2012年	主营业务收入 2014年	主营业务成本
文化制造业	内资企业	18779.29	26900.29	18539.96	26656.94	36158.71
	港澳台商投资企业	58112.78	7519.55	5702.09	7270.51	
	外商投资企业	6347.33	7889.256	6278.69	7769.31	
文化批发和零售业	内资企业	9242.46	10888.45	9152.29	10766.75	13102.79
	港澳台商投资企业	526.87	780.84	522.35	776.01	
	外商投资企业	3781.01	3033.27	3755.50	3021.97	
文化服务业	内资企业	9210.05	13359.26	9001.93	13141.21	10660.62
	港澳台商投资企业	1293.97	2189.28	1266.79	2163.21	
	外商投资企业	1271.83	1280.84	1246.43	1272.29	

就文化产业的资产情况而言，2014年中国文化产业规模以上企业的资产总规模为60420.84亿元。从文化产业各行业来看，文化制造业、文化批发和零售业和文化服务业的资产规模分别为：28440.82亿元、8568.28亿元和32411.74亿元，其市场占比分别为0.41、0.12和0.47；从文化产业各投资主体来看，内在企业、港澳台商投资企业和外商投资企业的资产规模分别为52260.74亿元、8814.14亿元和8845.96亿元，其市场比重分别为0.75、0.13和0.12。

表3-4 文化产业各行业规模以上企业的资产统计 （单位：万元）

行业	投资主体	2012年	2014年
文化制造业	内资企业	127654064	181058707.8
	港澳台商投资企业	40705885	49282088
	外商投资企业	48174067	54067381.2
文化批发和零售业	内资企业	59594248	68373948.8
	港澳台商投资企业	3489887	4206629.4
	外商投资企业	14089824	13102224.8

续表

行业	投资主体	2012 年	2014 年
文化服务业	内资企业	177419184	273174769.2
	港澳台商投资企业	19158302	34652712
	外商投资企业	13081044	16289955.7

第二节 我国文化产业集聚的空间分析

衡量产业聚集水平的指标众多，根据课题研究的特点和数据的可获得性，本书选取绝对集中度、区位熵、Theil 指数来分析。准确反映我国文化产业发展水平的指标，选择"文化文物部门所属机构总收入"来表示。根据《中国文化文物统计年鉴》的数据，2008 年和 2009 年的数据包含了"中央"这一项，但在 2010 年和 2011 年的统计中，取消了"中央"这一项。这一统计指标的变化对于本书研究虽然有一定影响（如在对 2008 年和 2009 年数据做比较分析时，可能存在微小误差），但并不影响总体结论。

一 我国文化产业的总体集聚水平

绝对集中度（Absolute Concentration Ratio）是市场势力的量化指标，用于衡量行业内厂商的市场份额分布，一般用规模处于行业前 n 位企业的市场份额（用产量与产值、销售量与销售额、资产值、职工人数等表示）占整个市场的比重来测度。这里使用排名前 n 位省份的文化产业总收入占全国文化产业总收入的比重来衡量文化产业的绝对集中度。

计算公式为式（3-1）：

$$C_n = \sum_{i=1}^{n} \frac{w_i}{W} \qquad (3-1)$$

表 3-5 2008—2014 年我国文化产业总收入前八位的省份及绝对集中度

	2008 年	2011 年	2014 年
1	浙 江	广 东	江 苏
2	广 东	浙 江	广 东
3	北 京	江 苏	浙 江
4	上 海	四 川	北 京
5	江 苏	上 海	四 川
6	四 川	北 京	上 海
7	河 南	河 南	陕 西
8	山 东	陕 西	山 东
C_4	0.2944	0.2665	0.2934
C_8	0.5003	0.4566	0.4873
C_{12}	0.6421	0.6015	0.6160

一般来说，C_n 值越大，说明占据文化产业市场份额最高的前 n 省的比重越大，表明该行业的发展越不均衡。表 3-5 描述了 2008—2014 年我国文化产业总收入居前八位的省份及各年度的绝对集中度指标。统计资料显示：（1）广东、浙江、江苏省是中国文化产业总收入最高的省份，常位居前三名。（2）北京、四川、上海、河南、山东、陕西等省也多次出现在排名前八的榜单上。（3）从绝对集中度指标上看，三个绝对集中度指标都呈先下降后上升的趋势，2008—2011 年文化产业发展的区域不均衡性稍有缩小，这是政府提倡文化产业大发展大繁荣后，各省都提高了对文化产业的重视程度，从而使得趋向缩小。2011—2014 年各省的差距又稍有拉大，原因是东部发达地区的文化产业迅速成长起来，与中西部省份的差距变大。2014 年文化产业的 C_4 为 0.2934，C_8 为 0.4873，C_{12} 为 0.6160。文化产业呈现出较强的集聚性。

二 我国各省文化产业集聚的空间分析

（一）我国各省文化产业发展水平的空间分析

把2014年全国31个省份的文化产业总收入用表3-6清晰地展示出来，结合中国地图中各省的地理位置，可以得出结论：（1）东部经济发达地区是中国文化产业发展程度最高的地区，大型文化企业也基本集中在广东、浙江、江苏、山东。（2）由于经济发展相对落后，西部地区文化产业的发展相对落后，文化产业总收入也相对偏低，突出表现在西藏、宁夏、青海等省份；西部地区的四川和陕西两省由于历史资源丰富和自然景观奇美，文化产业的总收入相对较高。（3）黑龙江、江西、海南、辽宁等省的文化产业发展程度相对偏低。

表3-6 2014年我国各省文化产业总收入的区域差异

排序	省份	总收入	排序	省份	总收入	排序	省份	总收入
1	江苏	11447209	12	云南	4147584	23	重庆	2639685
2	广东	9795693	13	河北	3878438	24	江西	2539000
3	浙江	8728836	14	福建	3787322	25	吉林	2429257
4	北京	8393406	15	湖北	3646221	26	天津	2327223
5	四川	7177452	16	甘肃	3290307	27	黑龙江	2085058
6	上海	6778278	17	广西	3213306	28	海南	1600045
7	陕西	6027994	18	内蒙古	3159781	29	西藏	1508347
8	山东	5369710	19	新疆	3074374	30	青海	1262923
9	山西	4278920	20	辽宁	2981736	31	宁夏	1255695
10	湖南	4200068	21	贵州	2772240			
11	河南	4199042	22	安徽	2762494			

(二) 我国各省文化产业集聚的空间分析——基于GDP的供给视角区位熵

区位熵（Location Quotient），又称为专门化率，最早由哈盖特（P. Haggett）提出并用于区域经济分析之中，用来分析产业效率与效益的定量工具。一般用某产业产值在某地区总产值的比重与全国该产业总产值在全国总产值的比重的比率来表示。区位熵可以用来判断一产业能否构成某地区专业化部门，以反映要素或产业的空间聚集程度。

计算公式为式（3-2）：

$$Q_i = \frac{w_i / \sum w_i}{g_i / \sum g_i} \quad (3-2)$$

这里 w_i 为第 i 省的文化产业总收入，$\sum w_i$ 表示全国文化产业总收入；以 g_i 表示该区域所有行业的总收入，$\sum g_i$ 表示全国所有行业的总收入。以此可以衡量文化产业基于GDP的聚集度，GDP是衡量地区经济发展水平的重要指标，反映了地区经济发展为居民提供资本、技术、产品、人才等能力的提升。因此，基于GDP的区位熵可以认为是从供给视角考察文化产业的集聚水平的一个指标。

一般说来，Q_i 值接近1时，说明该省的文化产业的发展水平与地区经济发展水平大体相当。若区位熵大于1，则可以认定该产业存在集聚化发展；若区位熵小于1，则可以认定该产业为自给性部门。Q_i 值越大，文化产业的专业化水平越高，存在聚集化发展的趋势。表3-7显示了基于GDP的区位熵：（1）西藏、青海、甘肃、宁夏、海南等省份的文化产业发展要显著快于该省份的经济发展水平。（2）在东部和中部地区的山东、辽宁、河南、河北、安徽等省的文化产业发展要明显慢于该省的经济发展水平。

表 3-7　2014 年我国各省文化产业集聚水平——基于
GDP 的供给视角区位熵

排序	省份	区位商	排序	省份	区位商	排序	省份	区位商
1	西藏	8.573	12	上海	1.5053	23	天津	0.7745
2	青海	2.8697	13	四川	1.3164	24	广东	0.7561
3	甘肃	2.5188	14	浙江	1.1372	25	黑龙江	0.7256
4	海南	2.3921	15	广西	1.073	26	湖北	0.697
5	宁夏	2.388	16	重庆	0.9686	27	安徽	0.6935
6	北京	2.0594	17	内蒙古	0.9306	28	河北	0.6899
7	陕西	1.7834	18	吉林	0.9211	29	河南	0.629
8	山西	1.7549	19	江苏	0.9205	30	辽宁	0.5451
9	新疆	1.7351	20	江西	0.8456	31	山东	0.4729
10	云南	1.694	21	福建	0.824			
11	贵州	1.5658	22	湖南	0.813			

（三）我国各省文化产业集聚的空间分析——基于人口的需求视角区位熵

若将前文的区位熵的参考指标用人口指标来替代，则上述公式改写为式（3-3）：

$$Q_i = \frac{w_i / \sum w_i}{n_i / \sum n_i} \quad (3-3)$$

式中 n_i 为第 i 省的总人口，$\sum n_i$ 为全国的总人口。若 Q_i 值越接近1时，说明该省的文化产业的发展水平与地区人口基本相当。Q_i 越大，该省的文化产业相对该省人口数量越具有优势。该区位熵指数可以衡量文化产业基于人口的集聚水平，由于人口数量一定程度上反映了一个地区对文化产品的需求情况，也反映了该地区文化消费市场的规模,因此,基于人口的区位熵是从需求视角考察文化产业的集聚水平。表3-8反映了基于人口的区位熵分布:(1)西部地区的西藏、青海、宁夏、陕西等省份的文化产业发展相对于该省份人口数量有显著优势。地处东部地区的北京、上海、浙江、天津等省份也有明显优势。(2)中部地区的河南、安徽、黑龙江、江西、湖南、湖北等省的文化产业集聚水平相对于该省人口数量有明显的劣势,地处东部的山东、河北等省也存在此问题。

表3-8 2014年我国各省文化产业集聚水平——基于人口的需求视角区位熵

排序	省份	总收入	排序	省份	总收入	排序	省份	总收入
1	西藏	4.9423	12	甘肃	1.3232	23	广西	0.7043
2	北京	4.064	13	内蒙古	1.3143	24	湖北	0.6532
3	上海	2.9113	14	山西	1.2222	25	湖南	0.6496
4	青海	2.2572	15	福建	1.0369	26	江西	0.5825
5	宁夏	1.9764	16	广东	0.9518	27	山东	0.5716
6	海南	1.8463	17	吉林	0.9198	28	黑龙江	0.5668
7	陕西	1.6638	18	重庆	0.9196	29	河北	0.5473
8	浙江	1.6513	19	四川	0.9188	30	安徽	0.4732
9	天津	1.5985	20	云南	0.9168	31	河南	0.4637
10	江苏	1.4985	21	贵州	0.8234			
11	新疆	1.394	22	辽宁	0.7076			

(四)我国各省文化产业发展和集聚水平的综合分析

表3-9将上述三种评价方式综合在一起,并按文化产业聚集水平的高低排序,以综合考察文化产业聚集的空间分布。数据显示:(1)这三个衡量指标的排序相差很大,说明当前文化产业聚集化发

第三章 我国文化产业集聚的空间统计分析

展水平与文化产业的供给、居民的文化产品需求并不协调。（2）山东、广东、河南等省份的文化产业发展水平较高，但基于GDP的区位熵指数却很低；西藏、青海、海南等省份的文化产业发展水平相对较低，但基于GDP的区位熵指数却较高。（3）河南、山东、山西等省份的文化产业发展水平较高，但基于人口的区位熵指数却很低；西藏、青海、宁夏等省份的文化产业发展水平较低，但基于人口的区位熵指数却很高。

表3-9 2014年我国31个省市区文化产业总收入和区位熵的排名

省份	文化产业总收入排序	基于GDP的区域熵排序	基于人口的区域熵排序	省份	文化产业总收入排序	基于GDP的区域熵排序	基于人口的区域熵排序	省份	文化产业总收入排序	基于GDP的区域熵排序	基于人口的区域熵排序
江苏	1	19	10	云南	12	10	20	重庆	23	16	18
广东	2	24	16	河北	13	28	29	江西	24	20	26
浙江	3	14	8	福建	14	21	15	吉林	25	18	17
北京	4	6	2	湖北	15	26	24	天津	26	23	9
四川	5	13	19	甘肃	16	3	12	黑龙江	27	25	28
上海	6	12	3	广西	17	15	23	海南	28	4	6
陕西	7	7	7	内蒙古	18	17	13	西藏	29	1	1
山东	8	31	27	新疆	19	9	11	青海	30	2	4
山西	9	8	14	辽宁	20	30	22	宁夏	31	5	5
湖南	10	22	25	贵州	21	11	21				
河南	11	29	31	安徽	22	27	30				

三 我国文化产业区域发展差异分析

Theil 指数（Theil Index），又称为泰尔指数、泰尔熵标准（Theil's Entropy Measure），是用于测度地区间收入差距或不平等度的指标。通过指数分解分析，将研究样本划分为若干个群组，可以测量群组内部差距与群组间差距对总差距的贡献。

计算公式如式（3-4）—式（3-7）所示：

$$T = \sum_{i=1} \frac{w_i}{w} \ln\left(\frac{w_i/w}{n_i/n}\right) \quad (3-4)$$

$$T = T_W + T_B \quad (3-5)$$

$$T_W = \sum_g \frac{w_g}{w} \left(\sum_j \left(\frac{w_{gj}}{w_g}\right) \ln \frac{w_{gj}/w_g}{n_{gj}/n_g} \right) \quad (3-6)$$

$$T_B = \sum_g \frac{w_g}{w} \ln\left(\frac{w_g/w}{n_g/n}\right) \quad (3-7)$$

公式中，w_i 为第 i 省的文化产业总收入，n_i 为第 i 省的总人口，w 是全国文化产业总收入，n 是全国总人口，w_{gj} 为第 g 组第 j 个省份的文化产业收入，w_g 是第 g 组的文化产业总收入，n_{gj} 为 g 组 j 省的人口数量，n_g 为 g 组的人口总量，T 是总差距，值在（0，1）之间，值越大，说明差距越大。T_W 是组内差距，T_B 是组间差距。

本书按照国家统计局 2003 年的标准划分方法，把我国 31 个省市区（不含港、澳、台）分为东中西三部分：东部地区包括北京、天津、河北、辽宁、上海、江苏、浙江、福建、山东、广东、海南等 11 个省、直辖市，中部地区包括山西、吉林、黑龙江、安徽、江西、河南、湖北、湖南等 8 个省，西部地区指广西、内蒙古、陕西、甘肃、青海、宁夏、新疆、四川、重庆、云南、贵州、西藏 12 个省、直辖市、自治区。

表 3-10 所呈现的是经计算后各年份的 Theil 指数及其分解值。根据分解结果，可知：（1）2014 年，全国的总泰尔指数为 0.1539，我国文化产业在空间上发展并不均衡，东部地区的文化产业差异为 0.0884，对 T 值的贡献为 57.4%，说明东部地区的文化产业差异是全国总差异的主要成因。三大地带的组内贡献率为 78.2%，组间贡

献率为 21.8%，说明文化产业全国总差异主要是由于三大地带内部的差异构成。2008—2014 年东部地区的内部差异也都是总差异的最大构成部分。（2）2008 年到 2010 年，总体上各个 Theil 指数数值都有减小趋势，说明我国文化产业发展的不均衡程度在减弱，这与前面的绝对集中度指标分析结果一致。2011 年到 2014 年，三个 Theil 指数的值又有所上升，主要是东部和西部地区内部差距拉大，东中西三地区之间的差距也增大。

表 3-10 我国文化产业的 Theil 指数和按东中西三大地带分组的分解结果

年份	东	中	西	T_W	T_B	T	地带内贡献	地带间贡献
2008	0.1263	0.0232	0.0148	0.1642	0.0359	0.2001	82.1%	17.9%
2010	0.1087	0.0097	0.0195	0.1379	0.0232	0.1611	85.6%	14.4%
2011	0.0731	0.0109	0.0189	0.1029	0.0202	0.1231	83.6%	16.4%
2014	0.0884	0.0098	0.0222	0.1204	0.0335	0.1539	78.2%	21.8%

第三节 总结

本章对我国文化产业发展的空间分布从多角度进行了深入分析，得到以下结论：（1）从文化产业的动态演进来看，2000 年我国文化产业处于起步阶段，2011 年之后我国文化产业进入高速成长时期，文化产业增加值实现稳步上升。文化产业的机构数和固定资产投资额，2005 年以来都大幅增加。（2）从文化产业的财务指标的角度来看，文化制造业的营业收入大于文化服务业，也大于文化批发和零售业；内资企业的营业收入大于外商投资企业，也大于港澳台投资企业。（3）从文化产业的绝对集中度指标来看，我国文化产业发展空间不均衡，存在显著的集聚现象；文化产业的绝对集中度指数呈现逐年递减趋势，说明空间不均衡程度趋于下降；数据显示我国文化产业聚集化水平较高的地区主要集中在东中部，相比而言西部地区的文化产业聚集度较低。(4) 从基于供给视角的区位熵视角来看，西部地区文化产业聚集化发展水平具有显著优势，而从基于需求视角的区位熵的角度来看，文化产业聚集化发展水平具有较大优势的省份集中在西部、东部地区。上述集聚度评价指标的排序相差很大，这说明了我国文化产业的发展并未充分利用当地的供给以实现最优发展，也与满足当地居民的文化产品消费需求之间存在较大差距，我国文化产业未来的发展空间很大。(5) 根据 Theil 指数的分解分析可知，我国文化产业集聚差异主要由东中西三大地带的地带内差异构成，其中，我国东部地区的文化产业发展差异是全国总差异的最大构成部分。

第四章

我国文化产业集聚动力机制的
理论分析

通过前一章的分析，可知我国文化产业在空间上分布不均衡，存在显著的集聚现象。我国文化产业为何会出现空间集聚？促使我国文化产业集聚的动因有哪些？集聚的具体过程是怎样的？本章就从经济学的理论视角探讨这些问题。

国内研究文化产业集聚的动力机制问题的学者并不多：刘蔚（2007）从文化产业集群的生产组织网络、社会网络、全球网络三个角度分析文化产业集群的形成机理，认为影响我国文化产业集聚格局的因素包括需求因素、劳动力因素、资本因素、信息和文化资源因素、产业关联。戴钰（2012）认为文化产业空间集聚的影响因素分为内部因素和外部因素两种，内部因素包括文化需求因素、文化人才因素、文化资本因素、文化资源环境因素、地理区位因素、产业关联性因素、创新因素；外部因素包括制度环境、政府引导、公共服务。学者们从多角度分析了文化产业的集聚动力机制，但主要是定性分析，并没有建立起来一个完整的包含生产者和消费者共同作用机制的数理模型。

本章所分析的文化产业集聚的动力机制，是文化产业作为一个整体的系统运行规律，是对文化产业集聚过程的抽象与概括，从消费者和生产者的微观视角研究总结出最普遍的特征和规律。下面首先对文化产业集聚的动力机制进行定性分析，然后再借助 TP 模型进行数理模型的理论分析。

第一节　我国文化产业集聚动力机制的定性分析

文化产业集聚的动力机制是文化产业研究的一个核心问题。根据产业经济学的理论，所谓"动力"，是指推动事物发展与变化的一切有利因素，而"动力机制"则是指推动事物发展的各个动力要素及在事物发展中的具体作用。下面就分析推动文化产业集聚的主要动力因素。

一　知识溢出

凯勒（2000）研究了对技术知识扩散的距离特征，得出结论是技术扩散距离每增加 10%，其生产效率会下降 0.15 个百分点，指出了技术知识具有地方化的特征。当知识只适合在本地溢出，而不易于异地交流时，企业就存在着地理上的集群化趋势，以方便产业集群内部各企业利用相似知识基础。现代知识管理理论认为，知识包括显性知识和隐性知识两个大类。其中显性知识是可以通过语言、书籍和文字等形式进行传播和学习的，而那些与个体的体验和经验有关的，且不易于用语言、文字等形式传播和学习的，则属于隐性知识。显性知识可以通过大众媒体进行传播，因此往往不受空间和地域的限制，并且传播成本也相对较低，而隐性知识则只能是在人与人之间通过面对面交流来进行，所以其地域性、地方性色彩较强。技术知识既有其作为显性知识易于传播与学习的一面，更与经验的积累有关，需要通过面对面的沟通来学习。

文化产业主要以符号性商品和信息为生产与经营对象，创意性、

第四章 我国文化产业集聚动力机制的理论分析

知识性是其所经营产品的基本经济价值的来源。文化产业的知识性主要是隐性知识,这些隐性知识往往是最具有价值的——隐性知识可以通过转化为显性知识,而成为一笔财富。文化产品的本质特征以及因隐性知识而使得传播范围有有限性,要求高技术的劳动者需要进行面对面交流(如自由的社交、文化氛围等),如年轻的画家就渴望聚集在同一地区(Caves,2001),这种接触,不仅仅是出于其人际交往的需要,更重要的是通过与同行们的交流,把握艺术创作上前沿动态,从而获得创作上的灵感。而知识在空间上的根植性决定了隐性知识的传播是有成本的,这需要通过产业的集聚(即实现区位极化)来降低交流的成本。通过知识溢出的作用,实现了知识的共享,而有效的知识共享,一方面可以为文化产业的知识创造提供知识与技术上的支持;另一方面可以弥补产业集群中各个企业的不足,实现外部知识内部化,从而获得巨大的学习效应,这两个方面的共同作用促进了文化产业的集群化发展的能力。知识溢出效应是文化产业发展和集聚的根本动力。

二 贸易自由度

贸易自由度是一个非常重要的新经济地理学概念,往往被用来测度地区对外贸易有效性,它反映了地区间进行贸易的难易程度。通常,地区间的贸易会受到来自于地方保护主义、地区的交通状况、贸易壁垒和信息成本等多重因素的制约和束缚。这些制约因素的阻碍作用越大,贸易自由度就越小,从而对外贸易额就越小;反之,如果这些制约因素的阻碍作用越小,则贸易自由度越大,从而对外贸易额就随之越大。在对外贸易的过程中,伴随着上述制约因素而形成的各种成本,即为贸易成本。贸易成本是与贸易自由度相对应的一个概念,用来反向描述贸易自由度的水平。新经济地理学的理论认为,在不完全竞争的市场条件下,贸易自由度对公司的区位选择和产业的布局有着举足轻重的重要作用。在空间经济学的许多模型中，贸易自由度都是一个关键的分析工具，贸易自由度的改变，会影响经济活动的集聚力和分散力，贸易自由度与经济空间分布的关系可总结为：贸易成本较大时，分散力大于集聚力，经济系统的负反馈机制发挥作用，地区经济活动处于稳定的对称均衡状态；随着贸易自由度的提高，集聚力和扩散力都下降，相对来说，扩散力下降得更快，当贸易自由度提高到某一个水平，大约为中等自由度，初始对称的经济活动会出现突发性聚集，企业和居民迅速集聚到一个地区，这时经济系统处于稳定的核心—边缘结构；当贸易自由度非常高时，交易活动完全自由，交易成本近似为零，企业和居民又会呈现分散布局。现实中虽然突发性聚集现象从未发生，但贸易自由度的变化对产业集聚的影响已得到了众多学者的认可。

文化产业的贸易自由度与制造业的贸易自由度相比，两者存在较大的差异。第一，文化产品包含了较多知识类产品和无形产品，所以运输成本比一般的制造业商品低；第二，由于许多文化产品涉及意识形态和价值观引导问题，政府对于文化产品交易的态度比较审慎，增加了文化产品的跨区交易成本；第三，文化产品所独具的知识溢出特性，使得文化产品具有公共物品性质，在产品的生产和交易中，具有较大外部性，使得交易成本下降。

三 本地市场需求

根据克鲁格曼（1991）的"核心—边缘"模型，在一个只有制造业（存在运输成本、以工人为唯一投入要素、规模报酬递增）和农业（以农民为唯一投入要素、规模报酬不变）的两部门经济中，制造业要实现在空间上的集聚，需具备三个条件：规模报酬递增、运输成本较低、足够大的市场需求等。克鲁格曼认为，在这三个条件中，有足够大的、旺盛的本地市场需求是厂商选址时优先考虑的因

第四章 我国文化产业集聚动力机制的理论分析

素。克里斯塔勒（1933）的"中心地区理论"也认为，在资源与人口的均匀分布、运输费用不变、消费者偏好相同的假设条件下，决定厂商定位的关键因素是需求界限和市场范围。当某个地区因为各种历史的和偶然的因素（克鲁格曼，1991；波特，1998）而形成了巨大的需求能力（即市场规模）之后，在经济发展的向心力的作用下，会有越来越多的企业被吸引到该地区，从而在该地区聚集而形成一个不断扩大的生产网络以及规模化生产的格局（即产业集聚）。同时，本地不断聚集的制造业又会吸引越来越多的外地劳动力来此就业，从而使得本地的市场需求进一步扩大。因此，在整个制造业内部形成了缪尔达尔所说的"循环累积因果效应"：一方面，足够大的本地市场需求，不断吸引更多厂商在本地布局生产，另一方面，制造业的不断集聚反过来又产生了巨大的本地市场需求。

根据马斯洛（Maslow）的基本需求层次理论（即生理需要、安全需要、社会需要、尊重需要和自我实现的需要五个层次），文化需求是一种更高层次的需要，它必须建立在丰富的物质条件基础之上。联合国教科文组织（UNESCO）曾有个界定：当一个地区的人均GDP达到1000美元时，文化消费才会兴起。随着中国加速推进全面建设小康社会的进程，人们的物质生活在得到极大满足之后，形成了庞大的精神文化需求。庞大的文化产品的消费市场，会形成一种引力，诱使文化产业进一步走向集聚。文化产业还是一个高收入弹性的产业，经济发展的不平衡会导致文化产业在布局上出现不平衡，一般地，在经济发达地区和高收入地区，人们对文化需求水平较高，会吸引更多文化资源聚集在此，从而会形成文化产业集聚。此外，由于文化产品对消费者的素质要求较高，特别是一些高雅艺术（如古典音乐、画作等）都要求消费者具有一定审美能力和鉴赏能力，这也制约了在落后地区的文化产业的集聚。

四 生产要素禀赋

新古典贸易理论认为,产业的空间布局取决于本地区所拥有的比较优势,而这种比较优势来源于生产要素的禀赋状况:即要素的集聚和分散程度。如果没有比较优势存在,产业将呈均衡分布状态,从而导致产业间与区域间的贸易活动减少。这里所说的要素禀赋状况主要包括人力资源和资本的禀赋状况。

(一) 人力资源禀赋

根据马科斯·韦伯的工业区位论,人力资源的禀赋状况,是工厂进行区位选择时必须考虑的三个重要参考因素之一。一方面,在人力资本相对丰富的地区,其知识存量大、知识更新速度快,因人才集聚而引致的知识溢出会使得产业聚集区内的企业能够以较低的成本、较短时间获得新技术,提高生产与经营效率,从而吸引更多聚集区外的企业向其移动。另一方面,在劳动力资源禀赋充裕的地区,企业使用优质人才有更多可供选择的余地,可以选聘更优秀、更高效的员工而使企业的生产与经营效率得以提高。

文化产业在本质上是一种知识型产业,对创意的高度依赖是其重要特征。在文化产品的生产过程中,文化产品能否成功关键在于创新和创意,而劳动力是创意的载体,也是创意的源泉。因此,劳动者素质的高低及其地理分布决定了文化产业的区位因素。首先,知识密集型的文化产业,其劳动者都是高素质、高技能的专业人员,他们对工作环境有比较高的要求,一般高质量劳动力大多都集中在大城市及其周边地区,从而导致文化产业会在城市里实现集聚。其次,文化产业的柔性生产存在大量的生产外包行为,这一方面导致中小型文化企业大量存在,另一方面也导致大量自由职业者。只有在人力资源充裕的地区,才能有专业的、高技能的劳动力禀赋,满足这样的文化产业外包行为。

(二) 资本禀赋

产业集聚本身就是产业资本在空间地域范围内的聚集过程。企业进行区位选择时，必须要综合考虑产业聚集地的资本要素禀赋情况。资本在某一地区的大量集中，会吸引劳动力等其他生产要素向该地区流动，从而带来劳动力等要素的集聚。当资本、劳动力等生产要素同时实现在某一地区高度集中时，产业集群化发展就形成了。

相对于传统产业而言，文化产业是一个集知识密集型、技术密集型以及资本密集型于一体的复合产业，其前期投资一般都比较大，充裕的资金是其持续健康发展的基础和保障。文化产业的繁荣和发展需要投入大量的资本，比如在美国，一部普通电影的发行费用大约在4500万～5000万美元之间，包括底片费用、广告推广和市场营销等费用。对于电影制片方来说，在其自身资本积累不足的情况下，其资金需求要依靠银行贷款或投资者的投资。因此，资金的流向制约着文化产业的集聚水平。从这一点上来看，像东京、伦敦、纽约这样的金融中心聚集了大量的文化企业就不足为奇了。

五 政府政策激励

从世界各国产业集聚区形成和发展的历史来看，产业聚集会受到来自于自组织动力和他组织动力两个方面动力机制的驱使。他组织动力主要来自于政府的干预，政府是产业集聚的重要推动力量，它通过建立差别化制度安排，来影响企业的区位决策行为，促进产业在特定地理区域实现集聚。为促进产业集聚，Boekholt 和 Thuriaux（1999）认为，政府的政策取向可以分为两大类：一种是自下而上型的政策取向，政府政策侧重于培育市场功能，完善市场机制，立足发挥市场的基础性作用，政府只起市场运作的助动器作用；另一种是自上而下型的政策取向，政府政策侧重于设置国家优先权，制定具有挑战性的远景规划，在接纳了对话团体后，把产业集聚交给市场来主导，政府不再干预。在实践操作中,至于采取什么样的介入模式,并没有一个统一的标准,但政府行为必须尊重市场机制的基础性作用。

与其他产业不同,文化产业集聚受政府政策的影响较大。文化产业具有的投资大、见效慢等特征决定了依靠其自发力量实现产业集聚是缓慢的,因而无法满足人们日益快速增长的文化需求。此外,文化产业还具有一定的"公共物品"性质,如果没有政府政策的激励和强有力的引导,民间资本是不可能进入的,因此文化产业也就难以实现集聚。中国文化产业发展的典型特征是政府推动型的自上而下的产业集聚,政府通过正式的制度供给,以各种优惠政策诱导文化企业在本地区实现空间集聚,这其中最为典型的就是由政府推动的文化创意产业园区,如上海浦东张江高科技园区的文化科技创意产业基地。在园区内,一方面由政府提供完善的基础设施和配套服务,另一方面入园企业享受各种优惠政策:如税收、财政补贴、融资、土地等。目前园区已经进驻了诸如盛大网络等大型游戏软件企业、创新科技等电影后期制作企业,以及中国美院上海设计艺术分院等文化创意高等院校等。

六 地理区位条件

几乎所有产业的发展都表现为一定的区位性。不同区域的经济地理因素差异(自然资源的丰富程度、交通的方便程度),是形成产业集聚的重要因素。一般来说,自然资源丰富的地方、临近交通要道或港口等区域都会成为产业集聚的中心地带,如中国的东部地区临港优势,使其逐渐成为产业集聚的中心,而山西、新疆等地则凭借自然资源优势而成为资源型产业中心。

(一)交通运输条件

以空间集聚为研究对象的空间经济学认为,产业聚集取决于促使产业集中的向心力和促使产业扩散的离心力的博弈。在这其中,运输成本的高低发挥着重要作用。当产业集中所带来的收入递增无法弥补运费及其他贸易费用时，此时高额的运输成本会促使产业向靠近广阔消费市场和中间品供应商的区位进行转移。随着运输成本的下降，市场需求的"关联效应"凸显：市场需求的扩大会使产业份额增大，从而吸引资本、劳动在区域内集聚。对于文化产业来说，交通运输条件对产业集聚存在一定影响，文化产品包括无形和有形产品，有形产品的交易也需要有利的交通条件。另外，文化产业的知识分子也趋向于集聚在交通便利、经济发达的地区。

（二）自然资源条件

从产业集聚基本规律来看，在早期的产业集聚过程中，充分利用现有的自然资源优势，是产业集聚的原始动力。早期的产业或产业集聚都得益于各地在自然资源禀赋（如土地、矿产资源等）上的差异，原因是交通运输条件及其他相关交易成本的存在，资源供给条件和供给的便利性是企业选址的必须仔细斟酌的条件之一。时至今日，企业在选址时仍然十分关心此问题。对于文化产业来说，自然资源条件对产业集聚的影响较为有限，因为文化产业的发展和集聚主要是基于人的素质和创造力，受自然资源供给状况影响较小。

七 历史文化资源条件

本地文化资源的禀赋状况（包括文化资源的丰裕度、文化资源的地方特质等）是文化产品生产和文化产业发展的核心生产要素。一方面，文化资源的丰裕会降低文化产品开发的成本，从而获得文化产品在价格上的竞争优势，另一方面，具有地方特色的文化特质（即文化资源所具有的地理根植性、垄断性、不可复制性、稀缺性等特征），为其他地区的同类产品的进入设置了天然的障碍，使得依托本地文化资源所生产的文化产品，具有独特的文化价值，从而拥有差异化的优势。这两个方面的共同作用形成了文化产品生产的比较优势。这种比较优势的存在,要求生产要素只有在接近特定空间时,才能获得超额收益(即地理租金)(臧旭恒、何青,2007)。对于这种地理租金的追求,会吸引人力、物力和财力在本地形成聚集,这是形成文化产业发展和集聚的最初动力。同时,文化企业的集聚进一步促进文化产业内部分工的发展,通过专业化分工与协作,从而形成了文化产业集聚的柔性生产网络。

纵观世界各国文化产业的发展历程,大凡成功的文化产业聚集区,大都是依托本地具有比较优势的历史文化资源而发展起来的。目前国内比较成功的文化产业园区包括北京琉璃厂文化产业园、北京的798艺术园区、深圳大芬油画村、辽河文化产业园、聊城古城文化产业园、以汉唐文化为主体的西安曲江文化产业集群等;国外比较成功的文化聚集区包括英国曼彻斯特北部音乐文化产业集群、布里斯托尔的电视及数字媒体集群、美国好莱坞电影产业集群等,都是依托当地特色文化而发展起来的文化产业集聚区。如始于1267年的北京琉璃厂,在历史上曾是士人、举子、文人墨客、文化商人、梨园艺人聚集的场所,文化资源丰富、文化底蕴深厚,北京市以琉璃厂的名人名居、会馆、庙宇为依托成立了琉璃厂文化产业园区;再如在英国的曼彻斯特,那里因享誉世界的滚石乐队而拥有雄厚的音乐历史底蕴,2002年曼彻斯特提出"把文化变成城市发展战略轴心"的文化发展战略,积极打造音乐文化产业集群。

第二节 重构 TP 模型分析我国文化产业集聚的动力机制

传统的 TP 模型包含了跨期消费和折旧,模型非常复杂,本书重构了 TP 模型,简化了模型,并赋予一些新的涵义,得出了更多富有现实意义的结论。

第四章 我国文化产业集聚动力机制的理论分析

在构建本书的模型之前，先对空间经济学的 CP、FC、FE、CC、GS、LS 和 TP 模型的理论框架进行梳理，将模型建立的核心思想和方法加以总结和比较，重点比较 LS 和 TP 模型。

核心—边缘模型（简称 CP 模型）假设初始对称的两个区域，存在两个部门（垄断竞争的制造业部门和完全竞争的农业部门），使用两种要素（工人和农民），农产品无区际交易成本，工业品存在冰山交易成本。制造业企业生产一单位产品，需要固定投入和可变投入（都由工人表示）。农民不能跨区流动，工人可以跨区流动，工人流向实际工资较高的区域，从而导致产业的重新布局。

自由资本模型（简称 FC 模型）是由马丁和罗杰斯[1]于 1995 年提出的。FC 模型假定存在两个初始对称的经济区域，两个部门（垄断竞争的制造业部门和完全竞争的农业部门）；有资本和劳动两种要素，资本可跨区自由流动，流向利润较高的区域；劳动不能在区际流动，能在区内工业和农业部门自由转换。这样，资本跨区流动所获收益仍需返回原区域供资本所有者消费。模型的长期均衡由资本流动方程决定：两区域的资本收益率相等，或者核心—边缘结构。FC 模型不存在生产和成本关联的累积因果循环效应，模型的价值在于引入资本要素，并且能够处理区域市场规模和交易成本等外生性因素的非对称性问题。

自由企业家模型（简称 FE 模型），假设存在两个部门，完全竞争的、使用劳动者作为唯一要素的农业部门，垄断竞争的工业部门，工业部门使用人力资本或企业家作为固定成本，使用工人作为可变成本。模型中，唯一具有空间流动性的是人力资本，流动方向是追求更高的实际收入。

---

[1] Martin, P., C. A. Rogers, "Industrial Location and public infrastructure", *Journal of International Economics*, Vol. 39, 1995 (3-4): 335-351.

资本创造模型（简称 CC 模型）的假设是两个区域，有垄断竞争的制造业部门、完全竞争的农业部门、资本创造部门。农业部门和工业部门都使用劳动，劳动者可以在区域内的两个部门间自由转换。工业部门的固定投入为 1 单位物质资本，可变投入为劳动，资本和劳动都不可以跨区流动，物质资本可以被创造并存在损耗从而导致产业空间布局的变化。资本创造部门使用劳动投入，产出为资本，资本形成成本在两个区域都一样。长期均衡时，资本集中在一个地区，或者两个地区都有资本（资本收益率相等）。

CP、FC、CC 都主要讨论产业空间分布的变化。全域溢出模型（简称 GS 模型）和局域溢出模型（简称 LS 模型）是在 CC 模型的基本框架下，引入了内生经济增长模型：工业部门的固定投入为知识资本，知识资本具有规模收益递增特点，即随着资本存量的增加，劳动者创造新资本的成本下降。在 GS 模型中，知识资本的空间溢出效应对于所有地区都是均等的。LS 模型中，知识资本溢出效应随空间距离的增加而衰减，与现实中知识在空间中传播受到阻碍的现象更为接近，强化了面对面交流的意义，LS 模型中知识资本的生产成本随着资本存量和资本空间分布的变化而改变。模型中存在跨期消费和资本的折旧，长期均衡时经济增长率和资本的空间分布都处于稳定水平，资本价格和资本成本的比率在两地区相同，长期均衡有两种状态：内部均衡和核心—边缘结构。

TP 模型是在以上六个模型的基础上，整合它们的特点而建立的，模型中包含经济关联，同时新增加了知识关联，也存在内生增长机制。TP 模型假设两个区域，存在完全竞争的传统部门、垄断竞争的制造业部门、完全竞争的知识创新部门，传统部门和制造业部门都使用创新能力低的工人，传统部门生产的产品区际交易无成本，制造业部门生产的产品存在区际交易的冰山交易成本，知识创新部门使用创新能力强的知识分子，产出是知识，边际生产力是现有知识存量，随

第四章 我国文化产业集聚动力机制的理论分析

着生产的发展,边际生产力提高,知识只能作为中间产品提供给制造业部门作为固定投入。

相比其他模型,TP模型的分析框架中增加了知识创新部门,强调了知识创新和知识传递的重要性,在传统的经济关联基础上又加入知识关联,更适合分析文化产业的空间分布问题。

一 模型基本假设

现实社会的经济活动种类繁多,它们之间的关系错综复杂,经济理论和经济分析都是对现实经济的一种近似描述。由于本书的研究主体是文化产业,所以数理模型就放大了文化产业的运行机制,将其他经济部门活动都做了统一简单的处理。

本书设立的数理模型假设经济系统存在三个部门:传统部门、文化产业的知识创新部门、文化产业的产品制造部门。虽然现实中文化创意的产生和文化产品的生产可能在同一个企业进行,但是把文化产业分为两大门类的这种划分突出了文化产业中知识和创意的重要性,从文化产业区别于其他行业的本质出发,突出了具有高创新力、思维活跃的文化产业知识分子的重要性,把握住了文化产业高度依赖创新的特征。模型假设系统中只有两种生产要素:具有高创新能力的知识分子(H)和普通工人(L),知识分子可以在区际流动,知识分子的支出是在其工作地。这与现实社会中,具有创造力的高级知识分子的生存状态也比较接近,特别是文化产业的艺术工作者和设计师,他们拥有高薪而且愿意接受新知识、到新的环境感受生活,所以流动性较强。模型假设普通的工人不能跨区流动,但工人可以在本地区的传统部门和文化产品制造部门之间自由转换。这与现实也比较相符,低创造力的工人倾向于稳定的生活,收入并不高,适应新环境的能力也较弱。虽然目前我国中西部有许多农民工到东南沿海地区打工,但他们的生存状态较差,而且多是靠老乡传帮带,一旦赚够买房娶亲的资金，就会返回家乡重新就业，近几年东部就出现越来越多的用工荒。传统部门，是简化处理的除了文化产业之外的生产部门，假设传统部门仅使用工人作为生产要素，生产的产品都是同质的，生产过程遵循规模报酬不变规律，面临的市场是完全竞争市场，产品无区际交易成本。这与现实差距较远，是为了方便研究文化产业而做的一个简化和标准化处理。

模型假设文化产业知识创新部门使用的生产要素为知识分子，唯一产出是新知识，边际生产力为现有知识存量，知识跨区交易无成本，知识只能被文化产品制造部门购买并作为固定投入使用，新知识不能直接为消费者使用。这与现实也比较接近，新知识和创意一般都有一定的依托形式，如图书、音乐、电影、动漫、艺术品等，都要经过文化企业的再加工才能被消费者使用。文化产业的产品制造部门每制造一单位的产品，需要投入一单位的新知识和一定量的工人劳动。新知识具有异质性，从而文化产品制造企业都是差异化生产，遵循规模报酬递增，生产一单位文化产品的成本为 $\Pi_i + wa_c$，其中 Π_i 是一单位新知识的价格，w 是工人工资，a_c 是生产单位文化产品所需的工人数量。文化产品区际间交易遵循冰山交易成本。τ 单位文化产品从一个地区运到另一个地区时，融化了一部分（$\tau-1$ 单位的产品抵消了交易成本），剩下 1 单位的产品可以在当地销售。如果设 P 为北部地区文化产品的价格，P^* 为该文化产品运到南部地区的销售价格，则有 $P^* = \tau P$。

二 消费者行为

（一）消费者的双层效用函数

假设代表性消费者拥有双层效用函数，消费者首先感知传统产品和文化产品组合的效用程度是依据柯布—道格拉斯效用函数形式，然后按照不变替代弹性（CES）效用函数形式感知差异化文化产品的效

第四章 我国文化产业集聚动力机制的理论分析

用程度。代表性消费者的效用函数表达式为：

$$U = C_c^\mu C_a^{1-\mu}$$
$$C_c = \left[\int_{i=0}^{n+n^*} c_i^\rho \mathrm{d}i\right]^{1/\rho} = \left[\int_{i=0}^{n+n^*} c_i^{(\sigma-1)/\sigma} \mathrm{d}i\right]^{\sigma/(\sigma-1)} \quad (4-1)$$

其中，C_a 表示消费者对传统产品的消费量，C_c 表示消费者对差异化文化产品组合的消费量，n 和 n^* 分别表示北部和南部文化产品种类数量，μ 表示总支出用在文化产品上的份额（$\mu > 0$），c_i 为消费者对第 i 种文化产品的消费量。ρ 反映消费者对文化产品的多样化偏好强度（$0 < \rho < 1$），ρ 越小，消费者的多样化偏好强度越强。设 σ 为任意两种文化产品之间的替代弹性（$\sigma > 1$），则有如下关系：$\sigma = 1/(1-\rho)$，σ 值越小，文化产品之间的可替代性就越差，企业的规模报酬递增程度就越强。

用 P_a 表示传统产品的价格，用 p_i 表示第 i 种文化产品的价格，消费者收入用 Y 来表示，包括工人的工资收入与知识分子的报酬，假设消费者没有储蓄，不存在跨期消费，当期的收入都用于消费支出，则消费者效用最大化问题的约束条件为：

$$P_a C_a + \int_0^{n+n^*} p_i c_i \mathrm{d}i = Y = E \quad (4-2)$$

（二）工业品需求函数和工业品价格指数

消费者效用最大化问题有两层涵义，第一是消费者消费某文化产品组合 C_c 时，其支出要最小，即：

$$\min \int_{i=0}^{n+n^*} p_i c_i \mathrm{d}i, \ s.t. \ C_c = \left[\int_{i=0}^{n+n^*} c_i^\rho \mathrm{d}i\right]^{1/\rho} \quad (4-3)$$

建立拉格朗日函数：

$$L = \int_0^{n+n^*} p_i c_i \mathrm{d}i - \lambda \left[\left(\int_{i=0}^{n+n^*} c_i^\rho \mathrm{d}i\right)^{1/\rho} - C_M\right] \quad (4-4)$$

首先把拉格朗日函数对 C_i 求导并令导数为 0，则可得到消费者对第 i 种文化产品的消费决策，即：

$$p_i = \lambda C_c^{1-\rho} c_i^{\rho-1} \qquad (4-5)$$

同理可以求出消费者对第 j 种文化产品的消费决策，即：

$$p_j = \lambda C_c^{1-\rho} c_j^{\rho-1} \qquad (4-6)$$

把式（4-5）与式（4-6）相除，约去 λ，可得到消费者对不同文化产品的价格与其消费量之间的关系，即：

$$\frac{p_i}{p_j} = \frac{c_i^{\rho-1}}{c_j^{\rho-1}} \qquad (4-7)$$

把上式变形，用 c_j 表示 c_i 可得：

$$c_i = c_j (p_i/p_j)^{1/(\rho-1)} \qquad (4-8)$$

并代入消费者对差异化文化产品组合的消费量表达式，则有：

$$C_c = \left[\int_{i=0}^{n+n^*} c_j^{\rho} (p_i/p_j)^{\rho/(\rho-1)} \mathrm{d}i \right]^{1/\rho} = c_j (1/p_j)^{1/(\rho-1)} \left[\int_{i=0}^{n+n^*} p_i^{\rho/(\rho-1)} \mathrm{d}i \right]^{1/\rho}$$

$$(4-9)$$

故：

$$c_j = \frac{p_j^{1/(\rho-1)}}{\left[\int_{i=0}^{n+n^*} p_i^{\rho/(\rho-1)} \mathrm{d}i \right]^{1/\rho}} C_c \qquad (4-10)$$

上式中 C_c 对于单个文化产品的消费量来说可以看作常数，在文化产品价格体系给定的情况下，分母也是一个常数。因此式（4-10）就是消费者对某种文化产品的需求函数，而消费者对某种文化产品的需求价格弹性为 $1/(\rho-1)$。由需求函数，可以得到消费者对文化产品的总支出，即：

$$\int_{i=0}^{n+n^*} p_i c_i \mathrm{d}i = \int_{i=0}^{n+n^*} \frac{p_i^{\rho/(\rho-1)}}{\left[\int_{i=0}^{n+n^*} p_i^{\rho/(\rho-1)} \mathrm{d}i \right]^{1/\rho}} C_c \mathrm{d}i = \frac{C_c \int_{i=0}^{n+n^*} p_i^{\rho/(\rho-1)} \mathrm{d}i}{\left[\int_{i=0}^{n+n^*} p_i^{\rho/(\rho-1)} \mathrm{d}i \right]^{1/\rho}}$$

$$(4-11)$$

故：

第四章 我国文化产业集聚动力机制的理论分析

$$\int_{i=0}^{n+n^*} p_i c_i \mathrm{d}i = C_c \left[\int_{i=0}^{n+n^*} p_i^{\rho/(\rho-1)} \mathrm{d}i \right]^{(\rho-1)/\rho} \tag{4-12}$$

从上式可以看出，消费者对文化产品的总支出，就相当于消费者购买了 C_c 单位的文化产品组合，把这个文化产品组合的价格指数设为 P_c，则有：

$$P_c = \left[\int_0^{n+n^*} p_i^{\rho/(\rho-1)} \mathrm{d}i \right]^{(\rho-1)/\rho} \tag{4-13}$$

或 $P_c = \left[\int_0^{n+n^*} p_i^{1-\sigma} \mathrm{d}i \right]^{1/(1-\sigma)} \tag{4-14}$

这样就有：

$$E_c = P_c C_c \tag{4-15}$$

假设基期，北部与南部生产的所有文化产品种类数为 $n^w = n + n^*$。文化产品价格指数在后面分析中经常用到，为了便于计算，定义 $\Delta n^w = \int_0^{n^w} p_i^{1-\sigma} \mathrm{d}i$，这样 $P_c = (\Delta n^w)^{1/(1-\sigma)}$。

则文化产品的需求函数可以简化为：

$$c_i = (p_i/P_c)^{1/(\rho-1)} C_c = (p_i/P_c)^{-\sigma} C_c \tag{4-16}$$

（三）传统产品和文化产品组合需求函数

消费者效用最大化问题的另一个层次是消费者在传统产品和文化产品组合之间的支出分配问题，即：

$$\max U = \max_{C_c, C_a} C_c^\mu C_a^{1-\mu} \tag{4-17}$$

$$s.t. \ P_c C_c + P_a C_a = Y = E \tag{4-18}$$

建立拉格朗日函数，求导后得出效用最大化问题的解，如下式：

$$C_c = \mu Y/P_c = \mu E/P_c, \quad C_a = (1-\mu)Y/P_a = (1-\mu)E/P_a \tag{4-19}$$

上式中，Y 为收入水平，由于没有储蓄，收入水平就是支出水平。因此，在消费均衡时，对文化产品的支出占总支出的份额为 μ，对传统产品的支出份额为 $(1-\mu)$。

（四）效用函数和价格指数

根据上面的推导，易得：

$$U_{max} = C_c^\mu C_a^{1-\mu} = (\mu E/P_c)^\mu [(1-\mu)E/P_a]^{1-\mu} = \frac{\mu^\mu (1-\mu)^{1-\mu} E}{P_c^\mu P_a^{1-\mu}}$$
（4-20）

上式中，U_{max} 表示在均衡条件下代表性消费者的最大化效用水平，由传统产品价格和文化产品价格组成的项可称为该经济中消费者面对的全部消费品的完全价格指数，即：

$$P = P_c^\mu (P_a)^{(1-\mu)}$$
（4-21）

经济中文化产品多样性的提高可以产生多种效应。首先，产品种类的增加可以引起文化产品价格指数 P_c 的下降，相应地提高了消费者的效用水平；其次，新的文化产品的引进，使消费者对原有各种文化产品的需求曲线向下移动，意味着文化产品生产者间的竞争强度在提高。

三 生产者行为

消费者消费的商品来自两个生产部门：传统产品生产部门和文化产品生产部门。

（一）传统产品生产部门行为

传统产品生产部门在完全竞争和规模收益不变条件下生产产品，唯一投入是低创造力的工人，生产一单位传统产品所需的劳动投入量为 a_a，生产的传统产品是同质的，跨区交易无成本。

传统产品生产部门的成本为 $wa_a x_i$，传统产品的价格为 P_a。

（二）文化产品生产部门行为

根据前面的假设，文化产品生产部门是在 D-S 框架下进行生产，每种差异化产品的生产都是规模收益递增的，消费者对文化产品的多样化偏好是这种文化产品生产企业规模收益递增的源泉，因此本

第四章 我国文化产业集聚动力机制的理论分析

书讨论的所有文化产品生产企业在该产品生产领域都是垄断企业，都面对不变弹性的需求曲线，该弹性用 σ 来表示。文化产品面对的市场是竞争性市场，因此企业不能按垄断厂商那样制定垄断价格，因为存在许多潜在进入者，如果这些潜在进入企业定价低于原有厂商，则可获得全部市场。因此，企业最优定价策略是边际成本的不变加成定价法，这样均衡时每个企业的超额利润为零。

假设不存在范围经济和企业经营多样化行为，也不存在企业间的共谋行为。因此，潜在产品种类数量并没有限制，任何一个企业都不会生产与其他企业完全相同的产品。这意味着一个企业生产一种产品，企业的数量等于产品种类数。又因文化产品生产企业生产一单位文化产品，需要投入一单位的新知识作为固定成本，所以企业数量也等于现有知识总数。

每个文化产品生产企业使用的劳动量为 a_c，工人工资为 w，则文化产品生产企业的成本为：

$$\Pi_i + wa_c x_i \qquad (4-22)$$

Π_i 为第 i 个知识的市场价格，假设知识的交易市场是完全竞争的，则所有知识的价格都是相同的，都为 Π。

生产第 i 种差异化文化产品的企业的利润函数为：

$$\pi_i = p_i x_i - (\Pi + wa_c x_i) \qquad (4-23)$$

其中，x_i 为第 i 种差异化文化产品的产出量。根据前面讨论的消费者的需求函数，消费者对该企业生产产品的需求为：

$$x_i = \mu E \frac{p_i^{-\sigma}}{P_c^{1-\sigma}} = \mu E \frac{p_i^{-\sigma}}{\Delta n^w} \qquad (4-24)$$

其中，E 为该地区的总支出（总购买力）。上式为企业在进行利润最大化价格决策时面临的市场约束条件。从上式中可以看出，$\mu E/(\Delta n^w)$ 对第 i 种产品而言是常数。设 $\mu E/(\Delta n^w) = k$，则第 i 种产品需求可以写成 $x_i = k p_i^{-\sigma}$。根据给出的利润函数，建立如下拉格朗日方程：

$$L_i = p_i x_i - (\Pi + wa_c x_i) + \lambda(kp_i^{-\sigma} - x_i) \qquad (4-25)$$

分别对 x_i 和 p_i 求导，则得到企业利润最大化条件：

$$\frac{dL_i}{dp_i} = x_i - k\lambda\sigma p_i^{-\sigma-1} = 0$$

$$\frac{dL_i}{dx_i} = p_i - wa_c - \lambda = 0 \qquad (4-26)$$

这两个式子相除约掉 λ，然后把 $x_i = kp_i^{-\sigma}$ 代入，则可得到 $p_i = wa_c/(1 - 1/\sigma)$。可看出产品价格与产品种类无关，也就是说所有种类的文化产品价格都是一样的，这样可以把下标 i 去掉，则：

$$p = wa_c/(1 - 1/\sigma) \qquad (4-27)$$

均衡时每个企业不可能获得正利润，均衡利润只能为零：

$$\pi_i = p_i x_i - (\Pi + wa_c x_i) = \left(\frac{\sigma}{\sigma-1}\right)a_c w x_i - (\Pi + wa_c x_i) = 0$$

$$(4-28)$$

从而有：

$$x_i = \frac{(\sigma-1)\Pi}{wa_c} \qquad (4-29)$$

$$x = \frac{(\sigma-1)\Pi}{wa_c} \qquad (4-30)$$

四　知识创新部门行为

（一）生产函数

假设知识分子总数保持不变，$H + H^* = 1$。当北部知识分子份额为 s_h 时，北部知识分子人数也为 s_h，基期北部可获取的知识总量 K 为知识生产的边际生产力，N 为新创知识数量，则北部知识创新部门的生产函数为：

$$N = Ks_h \qquad (4-31)$$

第四章 我国文化产业集聚动力机制的理论分析

由于北部的知识分子在生产新知识时，可以使用的知识是北部拥有的知识和南部传递来的知识的总和，设 η 为区域知识合作创新时知识传递的自由度，随着两地区距离的增加而减小。$h(j)$ 为知识分子 j 在基期拥有的知识数量，β 为知识分子在创新时的互补参数，即知识分子的异质性，它直接决定知识分子的创新效率。当知识分子之间存在一定差异，也就是共有知识在某个范围时，合作创新效率最高。则有：

$$K = \left[\int_0^{s_h} h(j)^\beta dj + \eta \int_0^{1-s_h} h(j)^\beta dj\right]^{1/\beta}, 0 < \beta < 1, 0 \leq \eta \leq 1 \quad (4-32)$$

如前所述，代表性知识分子 j 的知识生产依赖于现存的知识数量，任一新知识一旦产生就永远有效，假设不存在精神折旧。由于每个文化产品制造企业只生产一种文化产品，生产产品都需要一种新知识作为固定投入，因此，基期区域现有知识总量等于制造企业数量 n^w，那么可以得到，$h(j) = \alpha n^w$。为了计算的简便，将 α 标准化为 1，（这样知识分子 j 为仅有的代表性知识分子，拥有的知识数量也为文化制造企业数量 n^w）由式（4-32）可得：

$$K = n^w [s_h + \eta(1-s_h)]^{1/\beta}, 0 < \beta < 1 \quad (4-33)$$

当 $\eta = 1$ 时，区域间知识传递没有任何成本和阻碍，则有 $K = n^w$，这时北部可获取的知识是世界知识总量，知识被所有人共享；当 $\eta = 0$ 时，$K = n^w s_h^{1/\beta}$，这时区域间没有知识传递，此时二区域为对称区域，知识分子的空间分布决定了各区域的知识数量和增长率。

将式（4-33）代入式（4-31），得到新知识生产函数：

$$N = n^w [s_h + \eta(1-s_h)]^{1/\beta} s_h \quad (4-34)$$

（二）知识增长率

世界经济中的知识量变动为北部和南部的加总，具体为：

$$\dot{n}^w = N + N^* = n^w \{s_h[s_h + \eta(1-s_h)]^{1/\beta} + (1-s_h)(1-s_h+\eta s_h)^{1/\beta}\}$$
(4-35)

因此,当知识分子空间分布为 s_h 时,北部知识总量为 $K = n^w[s_h + \eta(1-s_h)]^{1/\beta} = n^w k$,南部的知识总量为 $K^* = n^w(1-s_h+\eta s_h)^{1/\beta} = n^w k^*$。

k 和 k^* 分别为北部和南部的知识增长率。设世界知识增长率为 g,则有 $\dot{n}^w = g \cdot n^w$,结合上式,可得:

$$g = s_h k + (1-s_h)k^*$$
(4-36)

很明显,两个区域的新知识增长率 g 以 $s_h = 1/2$ 这一点对称,当知识分子的空间分布为核心边缘结构时,$g(0) = g(1) = 1$。当 $\eta < 1$ 时,可得:

$$s_h \mathrel{\substack{>\\<}} \frac{1}{2} \Rightarrow g'(s_h) \mathrel{\substack{>\\<}} 0, g''(s_h) > 0, s_h \in (0,1)$$
(4-37)

由上式可知,区域间的知识传递强度 η 直接影响知识创新效率,当 $\eta < 1$ 时,知识创新部门集聚在一个区域时,知识创新效率最高;知识创新部门分散分布时,创新效率最低;知识创新效率决定于知识分子的空间分布。

为使分析更直观清晰,可设 β 为 1,新知识增长率 g 的表达式可以简化变形为:

$$g = (2-2\eta)s_h^2 - (2-2\eta)s_h + 1$$
(4-38)

由于 $0 \leq \eta \leq 1$,所以在 $s_h = \frac{1}{2}$ 时,g 是最小值。

当 $\eta < 1$,知识分子集中在某一个区域,即当 $s_h = 0$,或者 $s_h = 1$ 时,g 值最大,也就是知识创新效率最高。

可得结论一:当区域之间知识传递强度一定时,知识分子区域对称分布状态下,知识创新效率最低;核心边缘分布状态下,知识创新效率最高。

五 短期均衡

短期内,知识分子不存在跨区流动。在这种条件下,分析传统部门、文化产品生产部门、文化知识创新部门这三个部门的生产都出清的状况。

(一) 传统部门

传统部门生产同质商品,面临的市场是完全竞争的,生产的规模收益不变,生产单位产品所需劳动数量两区域都相同,传统产品的跨区贸易无交易成本,传统产品的销售价格在各地区都相等。

$$p_a = wa_a = p_a^* = w^* a_a \qquad (4-39)$$

其中 p_a、p_a^* 分别为北部和南部传统部门的产品价格,w、w^* 分别为北部和南部工业劳动力工资。设 $1-\mu > \rho/(1+\rho)$,即在传统部门的支出份额 $(1-\mu)$ 足够大,从而保证传统部门在两个地区都有生产,即满足非完全专业化条件。由于 $p_a = p_a^*$,所以两地区的工人工资相等:$w^* = w$。

根据前面计算的消费者对传统产品的需求函数,北部、南部消费者对传统产品的需求函数可以分别表示为:

$$C_a = (1-\mu)E/p_a, \quad C_a^* = (1-\mu)E^*/p_a \qquad (4-40)$$

上式中的 E 和 E^* 分别表示北部和南部的总支出(总收入)。如果整个经济系统中在传统部门工作的工人数量为 L_a^w,则系统可提供的传统产品产出为 L_a^w/a_a,传统产品市场出清条件为:

$$(1-\mu)E^w/p_a = L_a^w/a_a \qquad (4-41)$$

(二) 文化产品生产部门

低创新能力的工人不能跨区流动,但可以在区域内部的传统部门和文化产品生产部门之间自由流动。

标准化处理模型,令:$w = w^* = 1$,$p_a = p_a^* = 1$,$a_a = a_a^* = 1$,$a_c = a_c^* = 1$,$t \geq 0$。

文化产品区际交易存在"冰山"成本，北部生产的文化产品销售到南部的价格为：

$$p_i^* = p_i \tau$$

北部企业生产的文化产品 i 的产量要满足两个区域对它的需求，即南部需求和北部需求的加总：

$$x_i = \mu E \frac{p_i^{-\sigma}}{P_c^{1-\sigma}} + \mu E^* \frac{(p_i \tau)^{-\sigma}}{(P_c^*)^{1-\sigma}} \qquad (4-42)$$

由前面的证明，企业利润最大化的文化产品价格与产品种类无关，$p_i = p$，将标准化数值代入，则所有文化产品的均衡价格为：

$$p = \frac{wa_c}{1 - 1/\sigma} = \frac{\sigma}{\sigma - 1} \qquad (4-43)$$

北部文化产品包括了北部生产的产品和南部运来并销售的产品，所以北部文化产品的价格指数为：

$$P_c = \left(\int_0^{n^*} p_i^{1-\sigma} di \right)^{\frac{1}{1-\sigma}} = \frac{\sigma}{\sigma - 1} (n + n^* \phi)^{-1/(\sigma-1)} \qquad (4-44)$$

$\phi = \tau^{1-\sigma}$ 表示贸易自由度，$\phi \in [0,1]$，值越大，跨区交易越便利，即交易成本越小。

北部文化产品均衡产出量为：$x = \mu \dfrac{\sigma - 1}{\sigma} \left(\dfrac{E}{n + \phi n^*} + \dfrac{\phi E^*}{\phi n + n^*} \right)$

$$(4-45)$$

由前所述，文化产品生产企业均衡利润为零，进而推导出北部企业购买新知识的单位价格为：

$$\Pi = \frac{wa_c x}{\sigma - 1} = \frac{px}{\sigma}$$

$$\Pi = \frac{x}{\sigma - 1} = \frac{\mu}{\sigma} \left(\frac{E}{n + \phi n^*} + \frac{\phi E^*}{\phi n + n^*} \right)$$

$$\Pi = \frac{\mu E^w}{\sigma n^w} \left(\frac{s_E}{s_n + \phi(1 - s_n)} + \frac{\phi(1 - s_E)}{\phi s_n + (1 - s_n)} \right) \qquad (4-46)$$

南部企业购买并使用的新知识价格为：

$$\Pi^* = \frac{\mu E^w}{\sigma n^w}\left(\frac{\o s_E}{s_n + \o(1-s_n)} + \frac{1-s_E}{\o s_n + (1-s_n)}\right) \qquad (4-47)$$

其中，$s_n = \frac{n}{n^w}$ 为北部文化产品生产企业的份额，$s_E = \frac{E}{E^w}$ 为北部消费者支出份额。

设 L_c 为北部文化产品生产部门的工人需求量，L_c^* 为南部文化产品生产部门的工人需求量，文化部门的工人市场出清条件为：$L_c = nxa_c = nx$，由文化产品的均衡产出公式，可得：

$L_c + L_c^* = \mu\rho(E + E^*)$，再由条件 $E^w \equiv E + E^*$，得到：$L_c^w = \mu\rho E^w$。

L_a^w 为传统部门的工人需求量，消费者在传统企业产品上的总支出等于传统企业工人的劳动报酬，即：$wL_a^w = (1-\mu)E^w$，而工人总数量为：$L^w = L_a^w + L_c + L_c^*$，上述式子结合可得均衡时的总支出为：

$$E^w = \frac{L^w}{1 - \mu(1-\rho)} \qquad (4-48)$$

（三）知识创新部门

知识创新部门面临的是完全竞争市场，新知识的价格都相同。短期均衡时市场出清的条件：知识创新部门生产的新知识都被文化产品生产部门购买，并作为固定投入用于生产中。新知识的销售收入全部支付知识分子的工资，也就是知识分子的收入全部来自创造新知识所获得的劳动报酬。因此有：

$$\Pi \cdot N = H \cdot w_h = s_h \cdot w_h$$
$$\Pi^* \cdot N^* = H^* \cdot w_h^* = (1-s_h) \cdot w_h^* \qquad (4-49)$$

因此，北部地区知识分子工资率为：

$$w_h = \Pi n^w k = \frac{\mu E^w [s_h + \eta(1-s_h)]^{1/\beta}}{\sigma}\left(\frac{s_E}{s_n + \o(1-s_n)} + \frac{\o(1-s_E)}{\o s_n + (1-s_n)}\right)$$

$$(4-50)$$

南部地区的知识分子工资率为：

$$w_h^* = \Pi^* n^w k^* = \frac{\mu E^w (1 - s_h + \eta s_h)^{1/\beta}}{\sigma} \left(\frac{\phi s_E}{s_n + \phi(1 - s_n)} + \frac{1 - s_E}{\phi s_n + (1 - s_n)} \right) \tag{4-51}$$

由于传统产品的价格 $P_a = 1$，那么在完全价格指数为 P 的情况下，北部知识分子的实际工资是：

$$\omega_h = \frac{w_h}{P_c^\mu P_a^{1-\mu}} = \frac{w_h}{P_c^\mu} = \frac{w_h}{\left(\frac{\sigma}{\sigma-1}\right)^\mu (n + n^*\phi)^{-\mu/(\sigma-1)}} \tag{4-52}$$

南部知识分子的实际工资为：

$$\omega_h^* = \frac{w_h^*}{(P_c^*)^\mu} = \frac{w_h^*}{\left(\frac{\sigma}{\sigma-1}\right)^\mu (\phi n + n^*)^{-\mu/(\sigma-1)}} \tag{4-53}$$

六 长期均衡

在长期，知识分子可以跨区流动，知识分子的空间流动由区际实际工资差异决定。知识分子的跨区流动带来了区域间支出份额的改变，由于存在需求关联的累积因果循环链，地区支出份额改变会导致该地区文化产品生产企业份额的改变。从事文化产品生产的工人虽然不能跨区流动，但可以在区域内部的传统部门和文化部门自由流动，这种形式的工人流动也带来了文化产业空间分布的改变。

模型中有两个可以自由跨区流动的要素：知识分子和知识。知识分子的跨区流动是遵循知识分子的空间流动方程。知识分子创造出的新知识被文化企业作为固定投入购买，知识根据名义收益差异流动。

（一）知识分子的空间流动方程

在均衡条件下，每个区域所拥有的知识分子数量与其所雇佣的知识分子数量是一致的，即不存在失业问题。北部的知识分子数量用 H 表示，南部的知识分子数量用 H^* 表示，则 $H^w = H + H^*$，北部所拥

第四章 我国文化产业集聚动力机制的理论分析

有的知识分子份额则为 $s_h = H/H^w$。则代表长期均衡条件的知识分子空间流动方程为：

$$\dot{s}_h = \frac{ds_h}{dt} = (\omega_h - \omega_h^*)s_h(1 - s_h) \qquad (4-54)$$

长期均衡时，知识分子的空间分布不变，即 $\dot{s}_h = 0$，这意味着一般存在两类长期均衡，其一是两区域知识分子的实际工资相同，其二是所有的知识分子都集中在一个区域。

长期时，工人可以在区域内部的传统部门和文化产品生产部门之间自由流动，随着知识分子向北部（或南部）区域的转移，北部（或南部）的知识数量增多，北部（或南部）的文化产品制造企业数量也增加。当知识分子集中到北部（或南部）时，南部（或北部）的文化产品制造企业的数量恒定，而北部（或南部）的文化产品制造企业数量随着新知识的创造而不断增加。

（二）文化产品生产企业的长期均衡空间分布

假设初始对称分布的两个区域，经济活动不存在折旧，那么长期均衡时文化产业空间布局有两种情况：两地区的文化产品生产企业都在不断增加；仅一个地区文化产品生产企业的数量增加。

第一种情况下，两地区的文化产品生产的成本和收益应该相等。

假设新知识的跨区交易是自由的，文化产品生产部门可以选择任意知识在任意时间开始生产，那么两地区创造的新知识价值相等，有 $\Pi = \Pi^*$。

由于均衡时，两地区的新知识价格相同，可得 $\Pi = \Pi^*$，加上 $E + E^* \equiv E^W$，$n + n^* \equiv n^w$，可得：

$$s_n = \frac{1 + \phi}{1 - \phi}s_E - \frac{\phi}{1 - \phi} \qquad (4-55)$$

当 $s_n = 1/2$，$s_E = 1/2$ 时，ϕ 取任何值时，上式都成立。说明文化生产企业和消费者都处于对称分布时，不论贸易自由度怎样，两区域的文化产品价格都相等。

由于 $\frac{1+\phi}{1-\phi} > 1$，所以当 s_E 增加或减少时，s_n 将变化更多。

可得结论二：北部（或南部）文化产品生产企业的份额与北部（或南部）地区支出份额呈正相关关系，系数大于1，支出份额增加，则企业份额增加更多，即存在本地市场放大效应。

$$如 \frac{\phi}{1+\phi} < s_E < \frac{1}{1+\phi}，则有 0 < s_n < 1 \qquad (4-56)$$

$$如 s_E \geq \frac{1}{1+\phi}，则有 s_n \approx 1，(t \to \infty) \qquad (4-57)$$

因为模型假设是初始对称的两个区域，经济活动不存在折旧。则南部（或北部）地区初始状态时存在一定数量的文化产品生产企业，当发生非对称性冲击后，知识分子开始跨区移动，新知识被增加的文化产品生产企业购买，而南部（或北部）地区原有的文化企业依然存在。随着时间的增加，北部（或南部）的文化企业份额将无限接近1。

$$如 s_E \leq \frac{\phi}{1+\phi}，那么 s_n \approx 0，(t \to \infty) \qquad (4-58)$$

由于模型假设没有储蓄，北部地区的支出就等于北部工人工资和北部知识分子的工资之和。

$$E = L^w/2 + s_h \cdot w_h \qquad (4-59)$$

$$s_E = E/E^w \qquad (4-60)$$

北部和南部的相对市场规模为：$\dfrac{s_E}{1-s_E} = \dfrac{E}{E^*} = \dfrac{L^w/2 + s_h w_h}{L^w/2 + (1-s_h)w_h^*}$

$$(4-61)$$

当知识分子都集中到北部，即 $s_h = 1$ 时，由式（4-31），式（4-46），式（4-49）可知：

$$w_h s_h = \Pi \cdot N = \Pi \cdot K \approx \Pi \cdot n^w \approx \frac{\mu E^w}{\sigma} \ (t \to \infty)$$

第四章 我国文化产业集聚动力机制的理论分析

结合式（4-48），可得：

$$s_E/(1-s_E) \approx \frac{2\mu + \sigma - \sigma\mu + \sigma\mu\rho}{\sigma - \sigma\mu + \sigma\mu\rho} = A \quad (t \to \infty) \tag{4-62}$$

当知识分子对称分布时，即 $s_h = 1/2$ 时，

$$s_E/(1-s_E) = 1 \tag{4-63}$$

当知识分子都集中到北部，即 $s_h = 0$ 时，

$$s_E/(1-s_E) \approx \frac{\sigma - \sigma\mu + \sigma\mu\rho}{2\mu + \sigma - \sigma\mu + \sigma\mu\rho} = \frac{1}{A} \quad (t \to \infty) \tag{4-64}$$

$$\frac{d\left[\frac{s_E(s_h)}{1-s_E(s_h)}\right]}{ds_h} > 0 \quad s_h \in (0,1) \tag{4-65}$$

随着 s_h 的增加，$s_E/(1-s_E)$ 也不断增加，所以在图 4-1 中，二者的关系近似表示为一条斜率为正的直线。

由式（4-57）可得：

$$s_E \geq \frac{1}{1+\phi} \text{ 时，即 } s_E/(1-s_E) \geq \frac{1}{\phi} \text{ 时，} s_n \approx 1, \quad (t \to \infty) \tag{4-66}$$

由式（4-58）可得：

$$s_E \leq \frac{\phi}{1+\phi} \text{ 时，即 } s_E/(1-s_E) \leq \phi \text{ 时，} s_n \approx 0, \quad (t \to \infty) \tag{4-67}$$

由式（4-56）可得：

$$\frac{\phi}{1+\phi} < s_E < \frac{1}{1+\phi} \text{ 时，即 } \phi \leq s_E/(1-s_E) \leq \frac{1}{\phi}, \; 0 < s_n < 1 \tag{4-68}$$

综合分析式（4-62）到式（4-68），可知根据贸易自由度 $\phi \equiv \tau^{-(\sigma-1)}$ 值的不同，对称的知识创新与传递模型有两种长期均衡状态：

第一，当 $\phi \equiv \tau^{-(\sigma-1)} < 1/A$，即当贸易自由度处于较低水平时，长期均衡时，北部和南部的文化产品生产企业数量均不断增长。如图

4-1（a）所示。

第二，当 $ø \equiv \tau^{-(\sigma-1)} \geq 1/A$，即当贸易自由度较高时，长期均衡时，新增加的文化产品生产企业均选择在北部（或南部）集聚。如图 4-1（b）所示。

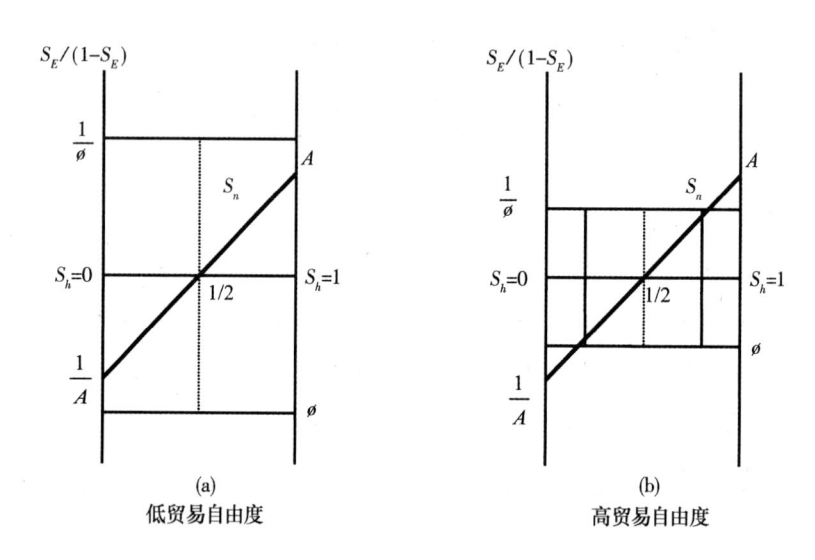

(a) 低贸易自由度

(b) 高贸易自由度

图 4-1 文化产品生产企业的长期均衡空间分布

（三）知识分子长期均衡空间分布

知识分子长期均衡时存在内点解的条件是 $\omega_h - \omega_h^* = 0$，或者 $\omega_h/\omega_h^* = 1$，此时两个地区都有知识分子。

由式（4-52），式（4-53）可得：

$$\omega_h - \omega_h^* = \frac{\frac{\mu E^w [s_h + \eta(1-s_h)]^{1/\beta}}{\sigma}\left(\frac{s_E}{s_n + ø(1-s_n)} + \frac{ø(1-s_E)}{øs_n + (1-s_n)}\right)}{\left(\frac{\sigma}{\sigma-1}\right)^\mu (n + n^*ø)^{-\mu/(\sigma-1)}} -$$

$$\frac{\frac{\mu E^w (1-s_h + \eta s_h)^{1/\beta}}{\sigma}\left(\frac{øs_E}{s_n + ø(1-s_n)} + \frac{1-s_E}{øs_n + (1-s_n)}\right)}{\left(\frac{\sigma}{\sigma-1}\right)^\mu (øn + n^*)^{-\mu/(\sigma-1)}} = 0 \quad (4-69)$$

第四章 我国文化产业集聚动力机制的理论分析

滚摆线是北部和南部的实际工资差异和北部所占知识分子份额之间的关系图。由于式（4-69）无法直接解出二者的关系，所以我们借助计算机的数值模拟的方法，将贸易自由度设定为多个数值，画出滚摆线，如图4-2所示。数值模拟中的其他参数设置是取 $\mu = 0.45$，$\sigma = 5$，$\eta = 0.4$，$\beta = 0.2$，τ 为 1.7~2.1 之间的所有数值。

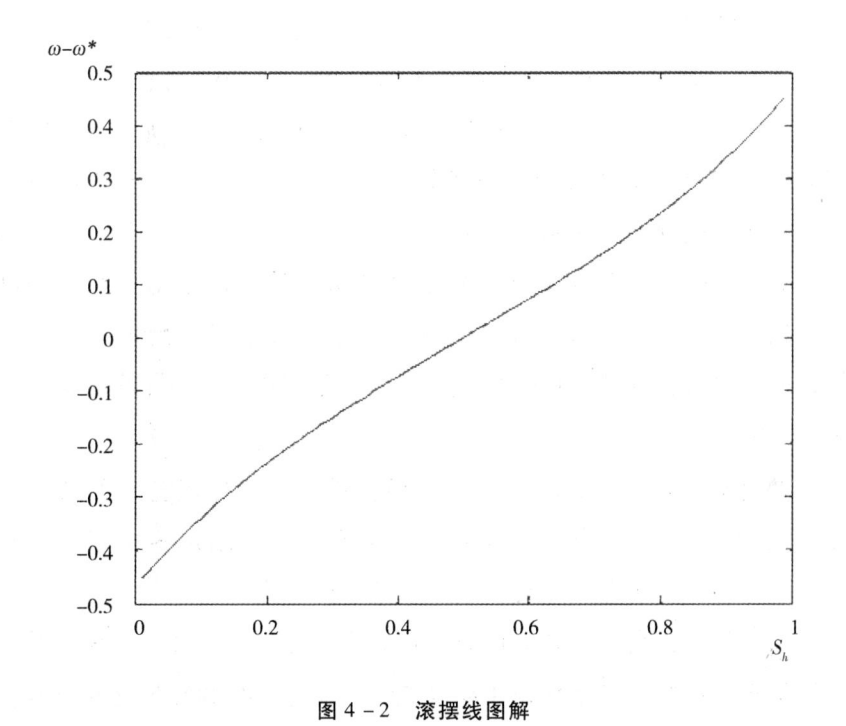

图 4-2 滚摆线图解

分析可知：当 $s_h = 1/2$ 时，$\omega_h - \omega_h^* = 0$，所以知识分子在对称分布时，经济系统处于均衡状态。

如果出现一个偶然的非对称性冲击，使知识分子发生微量的区域迁移，随着 s_h 的增加，s_E 也会增加。在 $\eta < 1$ 时，北部知识总量的增长率 k 会高于南部知识总量的增长率 k^*；当 $\eta = 1$ 时，对于任意的 s_h，都会有 $k = k^* = 1$；当 $\eta \in [0,1]$ 时，随着 s_h 增加，$\omega_h - \omega_h^*$ 也增加。所以，知识分子可以自由移民时，对称的长期均衡是不稳

定的。

当 $s_h = 1$（或 0）时，$\omega_h - \omega_h^*$ 为最大（或最小），所以知识分子在处于核心—边缘分布时，经济系统处于均衡状态，这种均衡是稳定的。

综上所述，知识分子的长期均衡的稳定状态只有一种，就是核心—边缘结构。

（四）知识分子和文化企业的长期均衡

综合前面的分析，经济系统的长期均衡稳定条件是 $s_h = 1$，即知识分子和知识创新部门全部在北部（或南部）集聚，而文化产品生产企业的空间分布存在两种情况：

如果 $\phi \equiv \tau^{-(\sigma-1)} < 1/A$，那么经济系统处于稳定的"核心—边缘"结构 A：当贸易自由度较低时，北部（或南部）集中了所有的知识创新部门和多数文化产品生产企业，北部和南部的文化企业数量都在不断增长。

如果 $\phi \equiv \tau^{-(\sigma-1)} \geq 1/A$，那么经济系统处于稳定的"核心—边缘"结构 B：当贸易自由度较高时，北部（或南部）集中了所有的知识创新部门和所有新增加的文化产品生产企业。

综上所述，当知识和知识分子可以跨区自由流动时，区域的对称结构是不稳定的。当贸易自由度较低时，文化产品的跨区交易成本较高，所以两地区都有文化产品生产企业；当贸易自由度不断提高时，"核心—边缘"结构 A 就逐渐向结构 B 转变。

结论三：贸易自由度的提高，有利于促进文化产业的空间集聚。消费者多样化偏好程度增加，也能够促使文化产业的空间聚集。

需要补充的是，知识和创意是非物质性的，它需要借助于有形的物品才能展现出来，生产这种物品需要具有一定知识和技能的工人，而接受并消费这些文化产品也需要一定的土壤，文化产品的消费受消费者偏好影响较大。所以，知识具有较强的空间依赖性，在经济发展水平相近或地域临近的地区，较容易接受相似的知识和文化产品。文化产品包含无形产品，如艺术表演等各种文化服务，服务和服务的提供者不可分离，所以，现实中不可能出现知识分子和新增加的文化产品生产企业全部集聚在一个地区的长期均衡。

文化产品的生产和消费也具有明显的外部性。在生产上，文化产品所包含的知识和创意存在溢出现象；消费方面，消费者使用文化产品的过程中，也是学习知识、提高能力和修养的过程，当人们相互交往时，就传递了这种知识和文化。文化产业不仅具有经济功能，也具有社会功能。文化产品具有公共物品的属性，文化产业的发展离不开政府的干预。所以，现实中文化产业在长期也不可能出现完全的集聚现象。

七 模型的主要启示

模型中假设的两个区域，在现实中可以广泛用于分析各种存在经济边界的地区，如我国东部和西部，某个省的南部和北部，或者某个城市的中心和外围地区。三个部门中，简化的数量庞大的传统部门代表了除了文化产业之外的所有部门，文化知识创新部门代表了文化产业中研发新理念和专利的部门，文化产品制造部门代表了文化产业中那些将文化创意和文化思想运用到生产中物化为产品和服务的部门。模型的假定与现实较为接近。

模型中，南北两个区域既存在经济关联，也存在知识关联，形成了较强烈的累积循环因果链。经济关联表现在存在本地市场放大效应和价格指数效应。本地市场放大效应指某个外在冲击改变了原有的支出空间分布，扩大了某地区的需求，那么更多的企业会改变原有区位，向该地区集中。价格指数效应指企业的集中使当地产品种类和数量较多，从外地输入的包含运输成本的产品较少，使当地居民生活成本下降。知识关联表现在知识分子的知识创新和知识传递，由于存在知识分子之间的合作创新,所以知识分子倾向于到知识分子更多、知识存量更大区域进行新知识的创造。可见,文化产业的空间集聚是自我强化的,即存在内生的非对称性。

模型通过对建立在消费者效用最大化和生产者利润最大化的一般均衡分析框架下的经济系统中各个因素的相互作用过程的分析,得出集聚状态下的文化企业创新效率高于对称分布的结论,因此,目前我国文化产业的空间集聚特点有利于文化产业的繁荣发展。

第三节 总结

本章首先对我国文化产业集聚的动力机制进行了定性分析,指出知识溢出、贸易自由度、本地市场需求、生产要素禀赋、政府政策支持、历史文化资源、地理区位条件是影响我国文化产业集聚的主要因素;然后本章重构了新经济地理学中的 TP 模型,建立了研究文化产业集聚动力机制的一般均衡框架下的数理模型,在包含区际经济关联和知识关联的前提下,分析了消费者行为、文化产品生产部门的行为、文化知识创造部门的行为、经济系统的短期均衡和长期均衡,深入探讨了各个经济因素相互作用促使文化产业集聚这一经济现象发生的具体过程,得出了一些富有启示性的结论。结论一:当区域之间知识传递强度一定时,知识分子区域对称分布状态下,知识创新效率最低;核心边缘分布状态下,知识创新效率最高。结论二:一个地区文化产品生产企业的份额与该地区支出份额呈正相关关系,且系数大于1,说明支出份额增加,则企业份额增加更多,即存在本地市场放大效应。结论三:贸易自由度的提高,有利于促进文化产业的空间集聚。消费者更偏好多样化产品,也能够促使文化产业的空间聚集。

第五章

我国文化产业集聚影响因素的实证分析

由第三章对我国文化产业集聚的空间统计分析得知,我国文化产业在各地区的发展极不平衡,存在显著的空间集聚现象。第四章对我国文化产业呈现集聚化发展特征的内在机制进行了理论分析:在比较接近现实的假设条件下,TP 模型论述了初始对称的两个经济区域,若受偶然性因素影响而使系统产生微小的区域不对称,所有经济变量如何相互作用、相互影响,最终促使文化产业集聚发生的整个系统过程。在 TP 模型中,知识溢出和更大的本地市场规模对集聚发挥了重要作用,贸易自由度也决定了集聚的结果。现实中,地区之间的经济条件存在许多差异,如政府不同程度的政策支持、劳动力要素禀赋、资本要素禀赋、历史文化资源禀赋等,这些因素的区域差异也将影响文化产业的集聚,这在第四章的定性分析中已详细论述。本章旨在立足于这些理论假设和结论,应用我国 31 省份 2001—2014 年的面板数据对其进行实证检验。

第一节 文化产业集聚理论假说的提出

根据上一章建立的 TP 模型的理论分析和前文的定性分析,下面的实证部分将验证如下理论假说。

假说1：知识溢出越多的地区，文化产业集聚程度越高。

假说2：贸易自由度越高的地区，文化产业集聚水平越高。

假说3：市场规模越大的地区，文化产业集聚水平越高。

假说4：具有要素禀赋优势的地区，文化产业集聚水平较高。

假说5：政府规模较大、政策支持较多的地区，文化产业集聚水平较高。

假说6：历史文化资源丰富的地区，文化产业集聚水平较高。

第二节 假说的验证

一 数据来源和计量方法

我国改革开放之后，长期以来以制造业为经济重心，文化产业的发展从不被承认到被承认，经历了一个较漫长的过程。我国政府主管部门第一次使用"文化产业"概念是在1992年国务院办公厅编著的《重大战略决策——加快发展第三产业》一书中。我国政府第一次在中央正式文件里提出"文化产业"这一概念，是在2000年10月中国共产党第十五届五中全会通过的《中共中央关于制定国民经济和社会发展第十个五年计划的建议》，文件中要求"完善文化产业政策，加强文化市场建设和管理，推动有关文化产业发展"；"推动信息产业与文化产业的结合"，后来这些建议被正式纳入全国"十五"规划纲要。之后，我国文化产业的地位大幅度提升，文化产业成为我国国民经济和社会发展战略的重要组成部分，文化产业逐渐进入快速发展阶段。本书对文化产业集聚问题的实证研究，分析重点是文化产业得到政府支持后的快速发展阶段，所以并未使用2000年以前的文化产业数据。

本书利用2001—2014年共14年我国大陆31个省、直辖市、自

第五章 我国文化产业集聚影响因素的实证分析

治区的面板数据,进行实证检验以验证假说。选择面板数据的理由:可以利用较多的观测值,增加估计量的精度;使用固定效应模型可以得到参数一致的有效估计量;面板数据建模可以获得比截面数据更多的动态信息。实证的数据来源为 2002—2015 年《中国文化文物统计年鉴》《中国统计年鉴》以及各省历年的统计年鉴。

二 变量的选择

对于产业集聚、知识溢出与地区创新的关系的研究,彭向(2011)使用新产品产值来衡量创新产出,用产业在不同地区的专业化程度、产业互补性程度和产业多元化程度来衡量知识外部性,他所使用的控制变量包括地区规模、人力资本和外商直接投资,其中,地区规模使用各地区人口数量进行衡量,各地人力资本水平采用受过大专及以上教育的人口占 6 岁以上人口的百分比来表示,外商直接投资指标采用各地区三资企业工业总产值占规模以上工业总产值的比重来代表。朱慧(2010)在分析文化创意产业集聚效应时,使用文化产业就业人数的区位熵指数衡量产业集聚程度;用每人每年用在教育文化与娱乐服务方面的消费支出来衡量文化创意产业的需求;用地区普通高等学校毕业生人数代表人才因素;用社会科研投入代表政策因素;用报纸的每千人拥有量代表文化因素。乔彬(2008)在使用联立方程分析产业集聚与知识溢出时,使用某产业的地区就业密度(就业量除以地区面积)相对该产业的国家就业量来表示产业的地区集聚水平;用研发(R&D)经费占工业增加值的比重来代表科技投入程度,进而表示知识溢出;用标准化的赫芬达尔指数的倒数表示某地区的产业多样化程度。段会娟(2009)在分析知识溢出关联和产业集聚时,使用各地区年末专业技术人员的人数表示人力资本水平;用科技活动经费代表创新投入;用运输仓储邮电通信增加值占 GDP 的比重来代表基础设施建设水平;用各年实际使用外资数额与 GDP

的比重来表示外商直接投资的变量。邬滋（2010）在分析集聚结构、知识溢出与区域创新绩效时，使用专利统计数据表示各地区的创新绩效，考虑创新从投入到产出有时滞，选择了创新产出滞后两年的模型分析，并将知识溢出分为产业专业化知识溢出和产业多样化知识溢出。黄永兴（2011）在分析文化产业集聚时，使用每年各地区的文化产业的增加值与全国文化产业增加值的均值之比来代表文化产业集聚程度；用各地区就业人员的平均受教育年限与全国均值之比表示人力资本水平；用每10万人拥有的各种受教育程度人口表示就业人员受教育年限；用交通密度占全国的比重衡量交通运输便利程度；用人均邮电业务量与全国均值之比来代表邮电通信的便利程度；用文化体育和传媒的财政支出与全国均值之比来代表财政支持的政策因素；用文化产业的税费率与全国均值之比来代表税收支持；选择世界文化自然遗产、世界文化遗产、历史文化名城、国家级风景名胜区和非物质文化遗产五个指标，进行主成分分析，将主成分得分大于0的15个省份归为文化资源禀赋的优势省份。雷宏振（2012）使用行业集中度指数和赫芬达尔指数来测度我国文化产业的空间集聚水平。袁海（2010）分析我国文化产业集聚影响因素时，使用地区文化产业的增加值占全国增加值的比重来表示文化产业集聚水平；在设定地理虚拟变量时，令沿海地区为1，其他地区为0；根据中国世界遗产与历史文化名城分布数量，将北京、山东、江苏、浙江、河南、陕西、山西、云南、四川归为历史文化资源大省，文化资源虚拟变量取为1，其余省份为0；用该地区6岁以上人口的平均受教育年限来代表人力资本外部性；用地区人均文化娱乐用品与文化娱乐服务的消费之和与全国均值之比来代表文化消费需求；用城市化水平来衡量各地区相对交易成本；用邮电业务总量占全国比重来表示信息化水平；用金融机构的贷款占GDP的比重代表地区金融发展水平；用政府在文化、体育与传媒的财政支出与全国均值之比代表政府支持水平。陈建军

第五章 我国文化产业集聚影响因素的实证分析

(2009)研究生产性服务业集聚及其影响因素时,使用空间基尼系数对我国服务业 14 个行业的集聚度进行了测度,在验证生产性服务业集聚的假说时,用生产性服务业的城镇单位从业人员与全国均值之比代表集聚水平,地理虚拟变量的设定则是把东部地区设为 1,中西部地区为 0;生产性服务业集聚的滞后期选择为滞后 7 期;外商投资水平的衡量办法是根据永续存盘法计算的城市的 FDI 存量和全国均值之比;知识溢出的测度指标是城市每万人拥有的高等专任教师人数与全国均值之比;城市的信息化水平选择人均的移动电话数值与城市单位从业人员之比来代表,认为邮电和互联网也可以代表;城市规模是用人口数量与全国的均值来表示;政府规模则用某城市非公共财政支出水平与全国均值之比表示,政府规模用地方财政一般预算内支出减去科教支出和救济保障支出后的指标表示。

综上所述,本书的变量选择及其含义如下:

1. 本书对文化产业的界定是依据国家统计局 2012 年所发布的新的国家分类标准——《文化及相关产业分类(2012)》。在该分类标准的第一部分"文化产品的生产"的第三大类"文化艺术服务",将原属于文化事业的博物馆、图书馆、档案馆、烈士陵园及纪念馆、文物等部门都纳入到文化产业之中。对于非经营性的博物馆、图书馆、档案馆、烈士陵园及纪念馆、文物部门来说,其收入来源主要是财政拨款、上级补助以及事业性收费;对于经营性的文化产业来说,其收入来源主要是文化产品的生产与经营。《中国文化文物统计年鉴》中"文化文物部门所属机构总收入"指标包括:财政拨款、上级补助收入、事业收入、经营收入及其他收入,因此,使用这一指标,可以相对准确地反映文化产业大类的发展水平和规模。目前我国学术界研究文化产业的数据都是基于《中国文化文物统计年鉴》,本书选择使用的"文化文物部门所属机构总收入"这一指标,是目前可获得的数据中,最全面地反映文化产业发展状况的数据。测度文化产业的省域集聚水平的指标中，空间基尼系数和 Theil 指数这两个指标需要省内各城市数据作为支撑，而收集各城市文化产业发展的数据存在一定困难；使用区位熵指数虽然能够用省域数据反映省域的文化产业集聚水平，但由于我国各省之间 GDP 差距很大、人口总数存在较大差异、产业结构也差别较大，所以区位熵指数所衡量的区域间产业集聚水平的差异，与文化产业实际发展水平的差异存在较大出入。因此，本书借鉴雷宏振（2012）、黄永兴（2011）、袁海（2010）、陈建军（2009）等人的做法，用各地区的文化文物部门总收入与全国均值之比表示文化产业集聚水平，后文在做实证分析时以符号 cul 表示，这也是学者们常用的表示集聚水平的方法。

2. 用文物藏品总件数（个）表示地区历史文化资源的丰裕程度，后文在实证分析时，用 hist 来表示。历史文化资源优势来自多个方面，如历史名城数量、世界遗产数量、文物数量、风景名胜区、非物质文化遗产等，一个地区总体的资源禀赋状况不易衡量。袁海（2010）和黄永兴（2011）在分析我国文化产业集聚影响因素时，对历史文化资源这一因素都是采用虚拟变量处理，简单地把资源丰富的省份设为 1，资源不丰富的省份设为 0，这样与现实情况相比差别较大。本书选择用各省的文物藏品数量表示历史文化资源的拥有情况，虽然仍然存在一定误差，但明显优于之前学者们使用的虚拟变量设定方法，是本书的一个创新点。

3. 用外商投资企业投资总额（百万美元）数据来衡量贸易自由度，后文在实证分析时，以 inve 来表示。空间经济学中的贸易自由度术语指的是产品之间的包括运输成本在内的所有跨区交易费用。文化产品包含有形的商品和无形的服务，交易成本的直接度量较为困难，本书采取近似的做法。由于吸引外资多的地区，开放度较高，商品和服务的流通也较为顺畅，成本较低，所以本书选择每年外商投资企业的投资总额作为衡量我国的文化产品跨区交易的贸易自由度。

4. 用居民消费水平（元/人）来表示本地市场规模，后文在实证分析时，以 cons 来表示。文化产品消费市场的规模与当地居民的消费水平密切相关：一般来说，在经济发达和人均收入水平较高的地区，其居民的消费水平也相对较高，居民的物质生活需要在得到满足之后，就会产生对精神文化产品的巨大需求，从而为文化产业的发展和文化产品的生产与经营提供巨大的市场规模；反之，在经济相对落后和收入水平相对较低的地区，居民收入仅能满足基本生存需要，则其对精神文化产品的需求也比较低，从而该地区文化产品的市场规模也较小。

5. 用普通高等学校的招生数（万人）表示知识溢出水平，后文分析用 stud 表示。学者们研究知识溢出对制造业的影响时，常用"专利申请数"、"全要素生产率"和"新产品数量"等指标衡量知识溢出水平，其中专利数量和新产品数量的数据，一般都来自《中国统计年鉴》里规模以上工业企业的数据。由于本书的研究对象是文化产业，用上述指标体系反映文化产业的知识溢出水平并不适合。对于文化产业来说，知识要素或者人力资本丰裕的地方，知识创新就更趋活跃，同时人才之间的交流也更便利更频繁，从而使该地区的知识溢出较多。一般来说，某个地区的高校学生数量多，高层次人才就比较丰富，同时，大学生是最活跃的一个群体，大学生之间的知识和信息交流是最顺畅的，所以这一指标可以反映一个地区的知识溢出水平。

6. 本书分别使用城镇单位从业人员人数（人）和全社会固定资产投资存量（亿元）来代表劳动要素以及资本要素的供给水平，后文在实证分析时，分别使用 emp 和 fixwh 来表示。这也是学术界常用的衡量要素禀赋（包括劳动要素和资本要素）水平的经济指标。其中，固定资产存量的计算方法如下：

首先计算基期存量资本。借鉴 Harberger（1978）、Hall 和 Jones（1999）的做法，设定基期资本存量计算公式为：

$$K_0 = \frac{I_0}{\delta + g} \quad (5-1)$$

其中 K_0 为基期存量资本，I_0 为期初投资额，δ 为基期折旧率（一般为5%），g 为基期之前给定期间的资本增长率（当经济增长与资本存量增长相等时，这里用基期前一年的经济增长率表示资本增长率）。本书的基期时间为2001年。

然后使用永续盘存法（goldsmisth，1951）估算各年资本存量。其基本原理是用折旧后的上年资本存量加上本年度投资。

$$K_t = K_{t-1}(1-\delta) + I_t \quad (5-2)$$

7. 国际上，学术界关于政府作用有两种衡量标准：一是用政府财政的支出规模作为衡量的标准，二是使用政府财政的收入规模作为衡量的标准。当前，学术界在研究产业发展中政府的支持作用时，主流是使用前一种方法来衡量政府作用，本书沿用经济学界的主流研究方法，选用地方财政的一般预算支出（亿元）来代表政府的政策支持，后文分析用 puex 表示。

表5-1 计量模型的变量选择

变量名称	变量含义	变量内容	预期参数符号
cul	文化产业集聚水平	各地区的文化文物部门总收入与全国均值之比	因变量
inve	贸易自由度	外商投资企业的投资总额（百万美元）	+
cons	本地市场规模	居民消费水平（元/人）	+
stud	知识溢出水平	普通高等学校的招生数（万人）	+
emp	劳动要素禀赋	城镇单位从业人员（人）	+
fixwh	资本要素禀赋	全社会固定资产投资存量（亿元）	+
puex	政府政策支持	地方财政的一般预算支出（亿元）	+
hist	历史文化资源	文物藏品数（件）	+

三 指标的描述性统计分析

将我国31省份14年各变量指标值的统计数据录入到软件eviews 8.0

❖ 第五章 我国文化产业集聚影响因素的实证分析 ❖

之中，可以看到指标的各项描述性统计（Descriptive Statistic）的分析结果。如表5-2所示，各个变量的均值和中位数都存在一定的偏差，其中cul，cons，stud，hist这些变量的偏差相对较小。inve变量的最大值和最小值之间的差别最大，cons变量的最大值和最小值之间的差别最小。从均值和总和的数据都可以看出，各个变量由于量纲的不同，数值大小的差异非常大。

表5-2 指标的描述性统计分析结果

指标	cul	inve	cons	stud	emp	fixwh	puex	hist
均值	1	68808	8666	17.823	541.84	30369	1828	753413
中位数	0.827	24977	7087	15.46	389.23	18131	1197	546216
最大值	4.614	718131	36893	53.54	5522	212857	9153	4404172
最小值	0.118	331	1937	0.24	14.478	540.65	78.94	10397
标准差	0.691	112688	5954	12.279	630.69	33688	1663	762761
偏度	1.537	2.931	1.746	0.7462	4.1118	2.2	1.457	2.2759
峰度	5.78	12.427	6.88	2.9596	24.585	8.9588	5.174	9.1477
总和	344	29862583	3761155	7735.2	235157	13180040	793219	326981027
观察值	434	434	434	434	434	434	434	434
截面数	31	31	31	31	31	31	31	31

四 变量的相关性检验

通过对各变量之间的关系所进行的相关性检验后，我们可以发现，文化产业集聚水平（cul）和其他七个解释变量的相关系数均为正值，而且相关系数都比较高，这说明贸易自由度（inve）、本地市场规模（cons）、知识溢出水平（stud）、政府政策的支持因素（puex）、资本要素（fixwh）和劳动要素（emp）的禀赋状况、历史文化资源优势（hist）都是支撑文化产业的集聚化发展的重要因素。在这7个解释变量之中，fixwh和puex的相关系数高达0.92，cons和

inve 的相关系数为 0.81，所以这两组变量不能放在一个回归方程中，否则将会产生多重共线性问题：即因为各解释变量之间的相互作用和相互影响，而导致面板回归的结果失真。变量 inve、stud、emp 和 puex 四个解释变量之间的相关性较小。cons、fixwh 和 hist 这三个解释变量之间的相关性也较小。本书的实证研究目的是验证理论假设中的各影响因素对文化产业集聚化发展的作用，属于验证性研究。因此，本书构建两组方程来验证理论假说：方程一以 inve、stud、emp 和 puex 四个变量作为解释变量，方程二以 cons、fixwh 和 hist 三个变量作为解释变量。

五 变量的单位根检验

经典的计量模型是建立在序列平稳的基础之上的，如果使用非平稳变量进行回归分析，尤其是在大样本和较高单整阶数的情况下，将会导致虚假回归（即伪回归）的问题。因此，在对面板数据进行回归分析前，必须要进行单位根检验。这里，我们将面板数据的各个变量的横截面数据作为整体，来检验其面板数据是否存在单位根的问题，从而确定变量是否平稳。单位根检验一般有 6 种方法，这里选取 LLC（Levin-Lin-Chu）的检验方法。由于本书分析的各个解释变量之间量纲差异较大，对变量取对数可以降低量纲差异对回归结果造成的不利影响，部分消除异方差问题。此时，模型的回归系数即为弹性，即变化率的百分比之比，可以反映解释变量发生一定比例的改变，对被解释变量的影响程度。下面，将各个变量取自然对数后，进行单位根检验的结果列入表 5-3 中。变量的检验结果显示，被解释变量 cul 和解释变量 inve、cons、stud、emp、puex、fixwh 和 hist 在取自然对数后，P 值都远小于 0.05，则全部变量都是平稳的。

※ 第五章 我国文化产业集聚影响因素的实证分析 ※

表 5-3 单位根检验结果

变量	差分次数	检验式 (C, T, K)	LLC 统计量	P 值
ln (cul)	0	(C, 0, 1)	-4.16553	0.0000
ln (inve)	0	(C, 0, 1)	-5.92972	0.0000
ln (cons)	0	(C, 0, 1)	-3.22696	0.0006
ln (stud)	0	(C, 0, 1)	-24.0311	0.0000
ln (emp)	0	(C, 0, 1)	-31.7498	0.0000
ln (puex)	0	(C, 0, 1)	-11.0715	0.0000
ln (fixwh)	0	(C, T, 1)	-5.10973	0.0000
ln (hist)	0	(C, 0, 1)	-4.64027	0.0000

注：(C, T, K) 表示 LLC 检验式是否包含有常数项、时间趋势项以及滞后期数。

通过表 5-3 的单位根检验结果可知：以取对数后的 inve、stud、emp 和 puex 为解释变量的模型假说验证方程一和以取对数后的 cons、fixwh 和 hist 为解释变量的模型假说验证方程二的所有变量都是平稳的。因此，不需要再做协整检验，可以直接进行面板模型的回归估计。

六 模型设定和检验结果

根据本书设定的两个模型，用面板数据验证理论假说。

（一）贸易自由度、知识溢出、劳动要素禀赋和政府政策支持

在第一个模型中，我们以 cul（文化产业集聚水平）为被解释变量，以 inve（外商投资企业的投资总额）、stud（普通高等学校招生人数）、emp（城镇单位从业人员人数）和 puex（地方政府的一般预算支出）为解释变量，考虑到政府的政策支持对文化产业的影响有一定的滞后，取 puex 滞后一期的数据放入模型中进行回归。构建模型（1）如式（5-3）所示：

$$\ln(cul_{it}) = \alpha_i + \beta_1 \ln(inve_{it}) + \beta_2 \ln(stud_{it}) + \beta_3 \ln(emp_{it}) +$$

$$\beta_4 \ln(puex_{i(t-1)}) + u_{it} \qquad (5-3)$$

对方程在固定效应模型的输出结果进行似然比（Likelihood artio, LR）检验，检验结果显示 P 值为 0.000，远小于显著条件的 0.05，拒绝建立混合模型的原假设，数据适合建立固定效应模型。再对方程在随机效应模型的输出结果进行 Hausman 检验，检验结果显示，P 值为 0.0000，远小于 0.01 的显著水平，拒绝建立随机效应模型的原假设，应该建立个体固定效应模型。使用 31 省 14 年的面板数据在 eviews 8.0 中对面板模型所做的回归分析，结果如表 5-4 所示。

表 5-4 模型（1）的计量回归结果

变量	系数	标准差	T 值	P 值
ln（inve）	0.079**	0.8999	2.0351	0.0426
ln（stud）	0.390***	0.0388	3.8447	0.0001
ln（emp）	0.160**	0.1014	2.4731	0.0139
ln（puex（-1））	0.973***	0.0646	8.8661	0.0000

注：*、**、***分别表示在10%、5%、1%水平下显著。

（二）本地市场规模、资本要素禀赋和历史文化资源优势

在第二个模型中，我们以 cul（文化产业集聚水平）为被解释变量，以 cons（居民消费水平）、fixwh（全社会固定资产投资存量）和 hist（文物藏品件数）为解释变量，构建模型（2）如式（5-4）所示：

$$\ln(cul_{it}) = \alpha_i + \beta_1 \ln(cons_{it}) + \beta_2 \ln(fixwh_{it}) + \beta_3 \ln(hist_{it}) + u_{it}$$
$$(5-4)$$

对固定效应模型的输出结果进行似然比（Likelihood artio, LR）检验，检验结果显示 P 值为 0.000，远小于显著条件的 0.05，因此拒

※ 第五章　我国文化产业集聚影响因素的实证分析 ※

绝建立混合模型的原假设，数据适合建立固定效应模型。在输出随机效应模型的结果后，进行 Hausman 检验，检验结果显示，P 值为 0.0000，也远小于显著条件的 0.05，因此拒绝建立随机效应模型的原假设，应该建立个体固定效应模型。使用 31 省 14 年的面板数据在 eviews 8.0 中进行回归，结果如表 5-5 所示。

表 5-5　模型（2）的计量回归结果

变量	系数	标准差	T 值	P 值
ln（cons）	0.325***	0.0469	6.9274	0.0000
ln（fixwh）	0.470***	0.0276	17.022	0.0000
ln（hist）	0.171***	0.0225	7.5991	0.0000

注：*、**、*** 分别表示在 10%、5%、1% 水平下显著。

七　实证检验结果分析

两个模型的固定效应回归结果显示，各个解释变量均显著，且回归系数的符号都为正，符合理论假设。两个模型的回归结果的可决系数都在 0.9 以上，拟合效果很好。由于对解释变量和被解释变量均取自然对数后，进行面板模型回归，所以估计结果中的系数为弹性。从模型（1）的回归结果来看，政府财政支出对文化产业集聚的贡献最大，其回归系数为 0.97，表示政府的财政支出每增加 1%，文化产业集聚水平将会提高 1.024%，这也印证了目前我国文化产业受到较多"自上而下"的政府推动作用。知识溢出对文化产业集聚的贡献也较大，回归系数为 0.39，这很好地验证了知识分子和知识创新对繁荣发展文化产业和促进文化产业集聚的重要性。贸易自由度对我国的文化产业集聚的回归系数为 0.08，说明在我国文化产业目前的发展阶段，贸易自由度增加 1%，文化产业的聚集化水平将会提高 0.08%。丰裕的劳动要素禀赋也是促进文化产业集聚的作用力之一，其回归系数为 0.16。从模型（2）的回归结果来看，资本要素禀赋状况是支撑文化产业集聚化发展的一个主要动力，其回归系数为 0.47。本地市场规模对文化产业集聚的贡献也较大，其回归系数为 0.325，表示居民消费水平每提高 1% 时，文化产业集聚水平将会提高 0.325%，对于这一点，发达国家文化产业发展的历史经验也证明了文化产业集聚过程中本地市场效应的正向作用。此外，地区的历史文化资源优势对文化产业集聚也有积极作用力，回归系数为 0.171，说明目前我国具有良好历史文化资源的地区，文化产业倾向于集聚化发展。

第三节 总结

本章的实证分析很好地验证了第四章关于文化产业集聚动力机制的理论分析：知识溢出、贸易自由度、本地市场效应、历史文化资源优势、要素禀赋优势和政府政策支持对文化产业集聚化发展均发挥了重要作用。由于数据采集和分析方法的限制，本章并未验证地理区位条件对文化产业集聚的作用力，但是从第三章的描述性统计分析中，就可以看出我国文化产业集聚水平较高的地区集中在东部，全国文化产业发展总差异中，我国东部地区的差异也是主要构成部分，这在一定程度上说明了良好的地理区位条件对文化产业集聚的影响是正向的。另外，本章的研究也解释了第三章中我国文化产业空间分布不均衡现象产生的主要原因，指出政府政策支持、本地市场规模和知识溢出是造成我国文化产业存在显著的空间集聚现象的关键因素。

第六章

我国文化产业集聚的经济效应分析

我国文化产业的发展是非均衡的,北京、上海、深圳等地的文化产业集聚区汇集了大量的人才、资金和企业,这些集聚区发展势头良好,并逐渐带领全国其他地区形成了一大批具有创新活力、对区域经济发展起到较大促进作用的文化产业集聚区。学者们近年来对文化产业集聚的研究逐渐增多,杨卫武(2015)使用我国31个省级数据分析了文化产业集聚和经济增长的关系。但是,目前并没有研究从城市层面探讨文化产业集聚的经济效应的文献,城市是文化产业集聚的基本单位,同一个省份的不同城市之间的文化产业发展差异很大,因此本章就以全国层面的大城市为研究对象,分析文化产业集聚对经济增长的作用以及中国的东中西地区之间的经济效应的差异情况。笔者查阅《中国统计年鉴》《中国城市统计年鉴》和《中国文化文物统计年鉴》中的城市层面数据,运用计量经济学的实证分析方法对这一问题展开研究。

第一节 数据选取和分析、模型设定与指标说明

一 数据选取和分析

(一)数据选取

根据2014年国务院《关于调整城市规模划分标准的通知》,以

城区常住人口为统计口径,将城市划分为五类七档,其中,城区常住人口 100 万以上的为大城市。本章内容的研究目的是分析文化产业集聚对经济增长的效应,大城市的经济相对比较发达,文化资源丰富,文化产业实现了一定程度的集聚,因此,本章就选择市辖区人口在 100 万以上的 139 个大城市为研究对象。

衡量产业集聚的常用指标有行业集中度指数、赫芬达尔指数、空间基尼系数、区位熵和产值(就业人数)比重,基于研究视角和数据的可得性,选择区位熵和就业人数比重来反映文化产业集聚程度。

区位熵的计算公式为:

$$Q_i = \frac{cul_i / \sum cul_i}{lab_i / \sum lab_i} \tag{6-1}$$

这里 cul_i 为 i 市的文化部门的从业人数,lab_i 表示该市所有行业的就业人数。另外,影剧院的数量和图书馆藏书量一定程度上反映了一个地区文化产业基础设施的建设情况和文化产业的政府支持力度。借鉴孙智君(2015)的研究,笔者构建一个综合区位熵指数以更全面地反映我国各个城市的文化产业集聚程度,如下式:

$$SQ_i = 0.6 Q_i + 0.2 \frac{mov_i}{\sum mov_i} + 0.2 \frac{book_i}{\sum book_i} \tag{6-2}$$

其中,mov_i 表示该市影剧院的数量,$book_i$ 表示该市图书馆藏书量;计量综合区位熵时使用的权重,根据咨询专家和参考学者已有研究而得。

国家统计局颁布的《文化及其相关产业分类(2012)》将文化产业分为十大类:新闻出版发行、广播电视电影服务、文化艺术服务、文化信息传输服务、文化创意和设计服务、文化休闲娱乐服务、工艺美术品的生产、文化产品生产的辅助生产、文化用品的生产、文化专用设备的生产。但是,目前我国没有统计年鉴是完全按照这一分类标准来统计文化产业的相关数据。《中国城市统计年鉴》中的"文化体育和娱乐业"包含五个大类：新闻出版业、广播、电视、电影和音像业、文化艺术业、体育、娱乐业，这一统计数据的涵盖范围与最新的文化产业的界定标准最为接近，因此，笔者就采用文化体育娱乐业的从业人数来代表文化产业的就业人数。

（二）数据分析

由 2015 年《中国城市统计年鉴》中的数据可得各个城市文化产业的从业人数，用 cul 表示，衡量文化产业集聚度的指标有三个：每个城市的文化产业从业人数占全国城市文化产业总人数的比重用 cul1 表示，文化产业从业人员多，占全国总人数的比重大，说明该地区文化产业发展较好，从全国文化产业发展的角度来看，该地区实现了一定程度的集聚。按照式（6-1）计算的区位熵指数用 cul2 表示，这是学者常用的衡量集聚度的指标。按照式（6-2）计算的综合区位熵指数用 cul3 表示。

经笔者计算后，将按三种方法得到的我国文化产业集聚水平排名前 15 名的城市和具体的集聚度列在表 6-1 中。由表 6-1 可见，根据 cul1 指标，北京市集聚了我国 11.97% 的文化人才，在北京，文化产业已经成为仅次于金融业的第二大支柱产业。2013 年，北京市文化产业增加值为 2406.7 亿元，增速超过 9%，在全国处于绝对的引领地位。排名第二的上海拥有全国 4.5% 的文化人才，第 6 名的深圳汇集了 1.77% 的文化人才，第 15 名的长春市拥有的文化产业人才比重为 1.118%，总体上，排名前五的城市文化产业集聚程度相对较高，文化产业的地区发展差异较大。同时可以发现按照 cul1 指标大小排名的城市，是大众熟知的文化产业集聚区所在地。

区位熵指数 cul2 反映了某地区的文化产业相对于该地区的其他产业的发展情况，如果该指数较大，说明文化产业在该地区相对发展较好。呼和浩特是内蒙古的省会城市，有着悠久的历史和光辉灿烂的文化，是历史文化名城也是国家森林城市，文化产业从业人数相对该城市其他行业来说，比重较大。池州有九华山、杏花村、牯牛降等风景胜地，是皖南国际文化旅游示范区核心区域，因此，文化产业在当地发展也相对较好。观察数据和排名，可以发现区位熵指数的排名与该城市文化产业从业人员的数量对比差异较大，上海、重庆、广州这些文化产业较发达的城市都不在前15名。第三个集聚度的评价指标是综合区位熵指数，它包含一般区位熵和图书馆、博物馆这三个维度，同时考量文化产业的人和物，弥补了区位熵指数的局限性，也从一个较宽的角度反映了文化产业的集聚水平，在这一指标下，上海、广州、成都、武汉这些文化产业发展较好的城市进入了前15名。

表6-1 2014年文化产业集聚水平排名前15名的城市——基于三种指标

排名	城市	cul1	排名	城市	cul2	排名	城市	cul3
1	北京市	0.1197	1	呼和浩特市	3.3591	1	北京市	5.9280
2	上海市	0.0452	2	池州市	3.2149	2	上海市	3.5042
3	重庆市	0.0392	3	北京市	2.8918	3	呼和浩特市	2.7501
4	广州市	0.0267	4	丽江市	2.6671	4	池州市	2.5917
5	成都市	0.0203	5	乌鲁木齐市	2.2416	5	丽江市	2.1512
6	深圳市	0.0177	6	长沙市	2.2332	6	长沙市	2.0476
7	郑州市	0.0168	7	太原市	2.0496	7	太原市	1.9463
8	南京市	0.0162	8	丽水市	1.9567	8	乌鲁木齐市	1.8742
9	武汉市	0.0162	9	拉萨市	1.8987	9	广州市	1.8740
10	长沙市	0.0161	10	石家庄市	1.8671	10	石家庄市	1.8171
11	杭州市	0.0156	11	西宁市	1.8669	11	成都市	1.7195
12	天津市	0.0143	12	秦皇岛市	1.8535	12	长春市	1.7113
13	西安市	0.0134	13	酒泉市	1.8439	13	武汉市	1.6554
14	太原市	0.0121	14	兰州市	1.8297	14	丽水市	1.6409
15	长春市	0.0118	15	海口市	1.8158	15	沈阳市	1.6276

※ 第六章 我国文化产业集聚的经济效应分析 ※

二 模型设定

本章内容研究的问题是文化产业集聚对经济增长的效应，衡量经济增长的指标一般采用国内生产总值（GDP），根据柯布—道格拉斯生产函数（Cobb-Douglas 函数），对经济增长贡献最大的因素是劳动、资本和技术。如表 6-1 所示，文化产业区位熵指数衡量的是某地区文化产业相对于该地区其他产业的发展程度，如果该地区总体经济欠发达，文化产业从业人员数量在全国范围内为一般水平，但是该地区其他产业的从业人数较少，那用区位熵衡量的该地区文化产业集聚度就较高，比如池州、丽江、丽水等。如果加上图书馆藏书数量和影剧院的数量这两个维度，综合区位熵这一指标就在一定程度上修正了这一偏离，如表 6-1 的最后一列所示，北京、上海是全国文化产业集聚度最高的城市，和人们的认知比较接近。综合起来，三个指标中按 cul1 这一指标对城市进行排名的结果与大众所理解的文化产业集聚程度最为一致，如表 6-1 的第 3 列所示。因此，本章在用计量模型进行实证分析时采用该指标反映文化产业集聚水平，这也是借鉴了陈建军（2009）等学者的做法。

由于文化产业从业人员占全国比重这一指标反映了劳动力因素，因此对经济增长产生重要影响的因素还需要加入资本因素和政府因素。

构建计量经济模型如下：

$$Y_i = A \cdot Cul_i^\alpha K_i^\beta Gov_i^\gamma \quad (6-3)$$

其中，Y_i 是 i 城市的 GDP 总值，A 是常数项，Cul_i 是 i 城市的文化产业集聚水平，K_i 是 i 城市的固定资产投资金额，Gov_i 是 i 城市的政府因素，由两个指标反映：$Goved_i$ 公共财政的教育支出和 $Fore_i$ 当年实际使用外资金额。某地区的财政教育支出可以反映该地区的政府重视教育程度和该地区居民的文化素养；某地区使用外资金额可以反映出该地区的经济开放程度和居民的包容性。

为了避免回归时的自相关和异方差，并使模型更具解释力，将模型变换为对数形式，如下：

$$\ln Y_i = C + \alpha\ln Cul_i + \beta\ln K_i + \eta\ln Goved_i + \mu\ln Fore_i \quad (6-4)$$

这样，模型的回归方程中的系数就表示弹性，即自变量变动百分之一所带来的因变量变动的百分比。

三 指标说明

回归模型的各个指标的描述性统计如表6-2所示，139个城市中经济总量最大的是2.36亿元，最小的是456万元，最大值和最小值的比值为51.7倍。文化产业集聚度最高为0.11，最低为0.0003，城市之间的差异较大，相差366.7倍。固定资产投资的各市数据差异较小，最大值是最小值的42倍。139个城市样本之间各个指标的差异较大，后面进行计量经济回归分析时，适合采用方程（6-4）的对数形式以增加估计方程的有效性。

表6-2 指标的描述性统计分析

指标 变量	经济增长 Y	文化产业集聚 Cul	固定资产投资 K	财政的教育支出 Goved	利用外资 Fore
均值	37236924	0.005678	24604859	903121.3	179033.4
中位数	24972691	0.002487	17488622	650115	63144
最大值	235677000	0.119703	131062188	7420541	1886676
最小值	4566596	0.000343	3130138	120096	2076
标准差	38097049	0.01188	20628442	1039675	312951.3
偏度	2.732829	7.319515	2.253717	4.407554	3.372795
峰度	12.01555	67.29181	9.93818	24.73361	15.90078

第二节 实证回归结果

一 全样本估计结果

（一）参数估计

对我国 2014 年 139 个大城市的数据进行计量经济模型的回归分析，得到结果如下：

$$\ln Y_i = 5.3 + 0.152\ln Cul + 0.39\ln K + 0.105\ln Goved + 0.372\ln Fore \quad (6-5)$$
$$(4.658)^{***} \ (4.0341)^{***} \ (5.7677)^{***} \ (4.3462)^{***} \ (6.2812)^{***}$$

回归方程的可决系数为 0.904，调整后的可决系数为 0.9，说明模型的拟合效果很好。回归方程的四个解释变量的参数都为正值，且通过了 t 检验，都在 0.01% 的水平下显著。说明这四个因素都对经济增长起到了正向的促进作用。

（二）自相关检验

线性回归模型的假定之一是随机误差项不存在相关关系，对模型进行序列自相关的 LM 检验，首先做一阶自相关，F 统计量为 0.1657，Obs * R-squared 项对应的伴随概率为 0.6774，大于 0.05 的显著水平，说明不存在一阶自相关。再做二阶自相关检验，F 统计量为 0.2645，Obs * R-squared 项对应的伴随概率为 0.7576，大于 0.05 的显著水平，说明不存在二阶自相关。因此，回归模型通过自相关检验，符合回归模型的无自相关前提假设。

（三）异方差检验

线性回归模型的基本假定中，要求随机扰动项围绕均值的分散程度相同，即不存在异方差现象。对模型进行 White 异方差检验，F 统计量为 1.2072，Obs * R-squared 项对应的伴随概率为 0.2742，大于 0.05 的显著水平，说明接受同方差的假设。

(四) 结论

经过检验,估计的模型符合计量经济模型的前提假设,即参数估计具有最小方差性,模型是有效的,T 统计量服从 T 分布,t 检验有效,模型不存在自相关和异方差,估计的四个解释变量的弹性系数都是可信的。

二 分地区样本估计结果

(一) 参数估计

对我国 139 个大城市按照区域进行划分,东部有 65 个大城市,西部有 34 个大城市,中部有 40 个大城市,对不同区域的数据分别进行计量经济模型的回归分析,得到结果如表 6-3 所示。三个地区的回归结果拟合度均很好,调整后的可决系数都大于 0.9。三个地区的文化产业集聚均对经济增长有显著的正效应。

表 6-3 分地区样本的参数估计结果

指标	变量	东部	中部	西部
文化产业集聚	Cul	0.146 (3.259)***	0.24 (3.548)***	0.13 (1.677)*
固定资产投资	K	0.324 (4.937)***	0.543 (4.078)***	0.569 (2.838)***
财政的教育支出	Goved	0.4365 (6.21)***	0.072 (0.644)	0.155 (1.145)
外商直接投资	Fore	0.08 (2.43)***	0.077 (1.402)	0.057 (0.992)
调整后的可决系数	Adjusted R-squared	0.9322	0.8831	0.8875

(二) 自相关检验

对东、中、西部地区的回归模型分别进行序列自相关的 LM 检验,首先做一阶自相关,再做二阶自相关检验,F 统计量和 Obs * R-squared 项对应的伴随概率都列在表 6-4 中，由表可知，东、中、西三地区的一阶、二阶回归都满足伴随概率大于 0.05 的条件，说明三个样本的回归模型都不存在自相关。

表 6-4　分地区样本回归模型的自相关检验

		东部地区	中部地区	西部地区
一阶	F 统计量	2.884	0.0756	0.0033
一阶	伴随概率	0.0818	0.7658	0.9489
二阶	F 统计量	1.5114	0.6239	0.0961
二阶	伴随概率	0.1999	0.4825	0.8851

（三）异方差检验

对东、中、西部三地区的回归模型分别进行 White 异方差检验，将 F 统计量和 Obs * R-squared 项对应的伴随概率都列在表 6-5 中，由表可知，三个模型的伴随概率均大于 0.05 的显著水平，说明接受同方差的假设。

表 6-5　分地区样本回归模型的异方差检验

	东部地区	中部地区	西部地区
F 统计量	1.407	1.237	0.9826
伴随概率	0.1904	0.2913	0.4266

（四）结论

经过检验，我国东、中、西部地区数据估计的模型均符合计量经济模型的前提假设，模型不存在自相关和异方差，估计的四个解释变量的参数都是可信的。

第三节 总结

从前文的研究可以看到,在我国市辖区人口超过 100 万的大城市中,文化产业集聚对经济增长起到了正向的促进作用。其中,全国样本的回归参数为 0.15,小于中部地区样本的回归结果 0.24,大于东部样本的回归参数 0.14,也大于西部样本的回归参数 0.13,说明中部地区文化产业集聚对经济增长的拉动作用最显著,这与中部地区文化资源丰富,政府重视程度较高有关。

资本能够拉动经济增长,在前文实证分析的四个模型中也都得到了验证,全国样本和东中西样本的资本变量的回归系数都为正,且在 0.01% 的水平下显著。在拉动经济增长的作用程度方面,中部和西部远大于东部,中部的弹性系数为 0.54,西部的弹性系数为 0.5,而东部仅为 0.32,这说明中西部经济依靠投资拉动的程度较高,东部地区的其他因素也在拉动经济增长方面起到了作用,比如政府的财政教育支出和外商直接投资,在回归方程中东部样本的这两个指标的参数都显著为正。

第七章

优化我国文化产业集聚化发展的对策

由前文的分析可知,我国各地区文化产业的发展存在较大的差异,我国文化产业在空间上已经呈现出一定的集聚现象,文化产业的集聚对经济增长起到显著促进作用。理论研究表明,集聚经济的效率远大于分散经济,我国文化产业的发展需要兼顾效率和公平,实现区域协调发展。本章旨在立足于前文的分析,提出提高我国文化产业的整体发展水平和集聚效率,促进文化产业区域协调发展的对策。

由前文的理论和实证分析得知,导致我国文化产业呈现集聚化发展特点的主要因素包括政府的政策支持、文化产品的市场需求、知识溢出水平、贸易自由度、资本要素丰裕程度、劳动要素丰裕程度和历史文化资源优势,这些因素也是支撑文化产业集聚化发展的重要因素。本章就由此提出优化我国文化产业集聚化发展的对策,具体设计如下:政府要提升管理和服务能力,同时加强文化产业集聚区的建设,使政府政策支持发挥更好的作用;加强文化消费市场的建设以提高文化产品的市场需求;加强文化产业人才队伍建设以提高知识分子的供给,同时延伸文化产业链,促进知识的流动、转化和创新,提高文化产业的知识溢出水平;促进文化产品的交易便利性,提高贸易自由度;完善文化产业的投融资机制,使文化产业发展所需的资本更加充裕。

第一节　提升政府的管理与服务能力

对于处在经济转型阶段的中国来说，来自政府的支持是企业获得竞争优势的重要来源。文化产品具有极强的政治属性和意识形态的色彩以及价值观和世界观的引导作用，另外，它还具有公共事业的色彩，是一种准公共物品（大卫·赫斯蒙德夫，2007），如书籍、唱片具有一定的非竞争性；广播、电视具有一定的非排他性，由市场机制决定的公共物品供给量远远小于帕累托最优状态，"市场失灵"的现象是不可避免的。因此，在文化产业发展过程中，政府的介入和支持就显得十分必要，它需要政府从行政手段、法律手段和经济手段等多方面提供支持。需要明确指出的是，在推动文化产业的发展过程之中，政府充当的应该是"号召者"和"领路人"的角色；在推进文化产业集聚区的建设过程之中，政府应扮演的是"服务者"的角色，而不是"经营者"的角色。在当前，制约中国文化产业发展的最重要因素，是市场机制的不完善和企业的创新能力不足。政府可以通过制定文化产业的发展规划、加强对知识产权的保护并投入财政资金等形式，实现对文化产业发展的多方位支持。

一　因地制宜，细化各地区文化产业发展规划

政府在引导文化企业集聚时，必须结合本地区的区位特征、历史文化资源禀赋、产业基础等，制定一个科学的发展规划，引导文化企业在本地区实现良性集聚。首先，通过实地调研，在充分论证的基础上，确定适合当地发展的重点产业。其次，根据所确定的重点产业，有选择地进行招商引资，慎重选择投资方向。其次，政府为重点产业的发展提供各种有利的条件：优惠政策、财政资金扶持等。最后，通过政策杠杆的作用，适当调节集聚区的企业规模，避免因企业过度集

✤ 第七章 优化我国文化产业集聚化发展的对策 ✤

中而导致外部不经济：如恶性竞争或"群而不聚"等现象。例如，结合"数字长宁"的发展战略，上海长宁区为支持文化创意产业的发展，对环中山公园地区的历史人文资源、自然资源、产业基础等做了有针对性的调查，并结合区域竞争的比较优势，提出发展数字媒体产业集聚区的规划：以数字产业为内容，大力发展网络游戏、动漫电影、计算机映像技术和多媒体展览等。在产业布局上，长宁区注意入园企业的专业化细分，力求实现规模经济效应；同时，在市场主体的产业布局上，重视发展多元化的数字产业，以追求范围经济效应。

二　加强对知识产权的保护力度

文化产业的竞争优势来自于人的创新能力，而培育这种创新能力的动力则来自于对知识产权的保护。政府应该加大对知识产权的保护力度，从而为文化产业的集聚创造良好的市场环境与法制环境。首先，依托商标权法、著作权法和专利权法等法律与法规，对文化产品的盗版行为和文化产业的侵权行为进行严厉打击。在当前，我国的音乐产业发展就因为知识产权保护不够，而进入了一个发展的低迷期。其次，鉴于文化创意多数情况下只是一个想法或一种思路，难以形成有效的知识产权形式，因而产生知识产权保护方面的难题，政府的相关部门应该认真研讨针对此类创意的保护模式。再次，政府通过搭建知识产权的推介与交易的平台，努力降低文化企业保护自身知识产权的交易成本。最后，建立促进文化产业交流的信息展示平台，方便查询，以避免侵犯知识产权的情况发生。

三　加大财政资金的支持力度

从文化产业发达的欧美国家的发展经验来看，其文化产业的繁荣与发展必须要加强政府的投入和引导。鉴于政府财政的职能边界在于消除"市场失灵"，因此，政府财政对文化产业的支持，首先是对非经营性的文化事业的支持，主要是通过发挥国有资本和国有文化企业的引导作用，吸引民间资本参与，吸收个人或团体的捐赠等，重点支持具有公益性色彩的文化产业以及混合性文化产业中的公益性部分（如图书馆、科技馆、博物馆、纪念馆等公共文化服务机构，以及基础性的文化科研机构）、涉及国家信息安全的文化事业（党报、国家电台和电视台等）、具有民族特色的文化项目。而对于具有竞争性的、经营性的文化产业的融资行为，则主要应该依赖于市场办法来解决，国家的财政资金要逐步从这个部分文化产业中抽身出来，从而建立真正的自主经营、自负盈亏，符合现代企业制度特征的文化企业。

文化产业投资具有高风险性特征，一定程度上制约了社会资本的进入（李华成，2012），这要求政府财政对文化产业的投资给予强有力的资金扶持，尤其是在文化基础设施建设方面。首先，要清晰政府公共财政的支出边界。重点支持覆盖全社会的基本公共文化服务体系的建设，财政要优先保障具有社会性和公益性的文化事业的发展，并从可以产业化发展的文化领域退出。其次，要分配好财政的补贴资金。通过财政补贴，积极引导各种社会资本进入到市场化水平高、资本密集的文化产业。同时对于具有高风险性的创意产业，则采取可以采取成果的政府购买等形式予以扶持。最后，要提高公共财政资金的使用效率。通过建立与健全财政投入的绩效评价机制，对支持文化产业发展的各种经费使用实行绩效评价，以促进文化产业财政支持的有效性的提升。

第二节　加强文化产业集聚区的建设

集知识、资本、土地、资源、政策等生产要素于一身的文化产业集聚区，通过资源整合、优势互补，从而极大促进了文化产业的集聚化发展。加强文化集聚区建设可以更有效地发挥政府作用，使政府的

❖ 第七章 优化我国文化产业集聚化发展的对策 ❖

政策支持更有针对性；能够更好地促进文化产业不同行业之间的有机结合，促使文化产品的生产与消费的有机结合，从而提升文化产业的集聚化发展效率。

一 针对本地区的比较优势，找准文化产业的定位

文化是有个性的，尤其是文化创意产业，是一个主张个性和弘扬文化独立性的产业，其价值来源于其地方特色。因此，文化产业集聚区的建设，要结合本地区具有独特意义的文化资源优势，充分利用市场机制的作用和经济的内生动力顺势而为。根据有关部门统计，当前我国文化产业集聚区超过万家，这些集聚区的建立和发展基本都是靠政府推动，目前这些文化产业集聚区内部和集聚区之间的竞争在不断加剧（如争夺优惠政策、财政资金支持，争夺消费群体，重复建设等），存在严重的外部不经济；另外，所生产出来的文化产品大同小异，缺乏地方特色和个性化色彩，难以被消费者所接受。未来我国文化产业集聚区的发展需要修正和避免这些问题。

二 合理规划文化产业集聚区的空间布局

文化产业集聚区的空间布局是否合理、集聚区内的道路等基础设施是否完善，都对文化产业的发展产生非常重要的影响。首先，文化产业发展规划应与整个城市总体发展规划相结合，把文化产业融入城市的发展之中，为产业发展留出足够的空间，以主设施、主功能为核心，实现集聚区与其他城市区域功能的互补，拓展产业空间，从而带动整个城市经济的发展。深圳在加入联合国教科文组织的创意城市网络后，一方面大力引进和接纳世界顶级的文化企业，另一方面主动与制造业企业集群加强联系。其次，与城市的交通与通信设施结合起来，一方面，优化城市的公共交通体系，使得集聚区具有高度可通达性，另一方面，优化城市的信息传播系统，使得文化产品和文化创意及时通达到受众身边。最后，以集约土地资源为原则，合理安排城市空间布局，实现城市的交通、信息、能源交换、产业布局的最优化。

三 扶持重点文化企业，实施龙头带动战略

文化产业的核心竞争力在于创作出文化精品。虽然中国当前文化产业集聚区数量较多，所生产出来的文化产品数量也非常多，但作为精品的文化产品则并不多。以动漫产业为例，中国动漫产业年产量达20多万分钟，但其产值还不到世界产值的0.68%，而与此形成鲜明对比的是日本年产10万分钟，却占到了世界产值的68%。提高文化企业的生产力水平，关键在于大力培育文化产业的龙头企业，通过龙头企业的带头、聚集和辐射等作用，实现文化产业向外衍生和辐射，构建起一条完善的文化产业链，通过以重点企业为核心的集团化发展，带动整个区域的文化产业的繁荣。在有条件的地方，可以考虑通过将充满创造力的、经营业绩良好的文化企业重组上市，以此为依托扶持文化产业的龙头企业。

四 加强与各高等院校以及文化科研机构的合作

文化产业集聚区首先应该汇聚的是具有高创造力的人力资源。世界银行的报告称：单从经济增长的速度上看，依靠开发人力资本的国家或地区的经济增长速度，要比依赖自然资源的国家或地区高出几十倍。创意才能、特殊的专业知识、熟悉文化市场运作和管理，是文化产业经营管理人才的必备素质，这一切都有赖于各高等院校的人才培养。我国应充分利用高校的师资优势，鼓励高校与社会团体以及民间资本联合组建文化产业的研究机构，推进文化产业人才的迅速成长。

五 加强文化产业集聚区内的企业间合作

文化产业是一个有专业化分工的复杂生产系统，包括生产商、供

应商以及转包商等。一方面，通过纵向联系，加强上下游企业之间的合作，为文化产业的发展提供信息和技术上的支持；另一方面，通过横向联系，促进文化工作室以及文化机构的聚集，这不仅有利于创意人才的聚集，还促进了企业之间的生产过程的合作。

第三节 促进文化消费市场建设

实现文化产业振兴，文化市场的建设非常重要。培育文化消费市场，一方面，可以通过需求拉动生产，促进文化产业的发展，增强区域文化的竞争力；另一方面，可以减少愚昧文化的传播和盛行，有利于培育社会主义核心价值观。培育文化消费市场是一个系统性工程。

一 提高居民实际收入，增强居民文化消费能力

经济基础决定上层建筑，没有基本的物质生活保障，精神文化需求是很难存在的。所以，培育文化消费市场，就要不断地提高人们的实际收入水平。一般可以通过两个方面来实现：一方面，通过增加人们的名义收入来实现（如拓宽人们的就业渠道、增加生产性投资等），另一方面，要通过稳定消费品价格来实现。另外，给予居民文化消费补贴，也可以提高居民的文化消费能力，如采取直接为农村居民订购报纸、补贴送电影下乡、补贴建设社区图书馆或阅览室等形式。完善各种社会保障机制，消除居民的后顾之忧，也是增强居民文化消费能力的有力措施。

二 提高居民文化素质，培育正确的文化消费观念

由于受生产力水平的限制，我国居民的文化消费盛行自给自足的消费观念，对文化产品的消费呈现出低俗化。因此培育积极向上的文化消费观念，是非常必要的。首先，要提高居民的教育水平。在农村

地区普及义务教育，开展扫盲教育，在城市引导居民树立积极向上的思想观念。其次，通过各种形式的文化宣传活动，提高居民文化鉴赏能力。最后，要提高居民的是非判断能力。当前，受各种文化思潮的影响，文化产品难免鱼龙混杂。政府各级部门，一方面，要积极引导人们树立正确的、积极的文化消费观念，另一方面，要对不良文化进行严格监督，杜绝低俗、不健康的伪劣文化产品。

三　完善相关文化消费的机制

首先，我们民间蕴藏着丰富的非物质文化遗产资源，有着广泛的群众基础，通过加强知识产权保护可以为文化产品创新提供源源不断的动力。其次，通过普及法律法规知识，提高居民消费的维权意识，从而促使文化企业不断提供高质量的文化产品。再次，执法机关一方面要加强对知识产权的保护，另一方面要为居民维权提供合适的服务。最后，加强市场信息透明度，降低文化产品消费的经营成本。

第四节　重视文化产业的人才队伍建设

在提升文化软实力、推动文化产业发展的过程中，文化人才的培育占有至关重要的地位。切实做好人才工作，加快建设人才强国，是推动经济社会又好又快发展、实现全面建设小康社会奋斗目标的重要保证。只有优秀人才辈出，才能支撑一个民族的灿烂文化，为文化繁荣发展奠定基础。

一　改善文化人才成长的社会环境

虽然个人的努力是文化人才成长的必要条件，但良好的社会条件更是文化人才辈出的基础。在人才的问题上，必须打破常规去发现、选拔和培养杰出的人才。首先，要转变人才培养观念。按照毛泽东同

❖ 第七章 优化我国文化产业集聚化发展的对策 ❖

志在延安文艺座谈会上关于文艺发展的"百花齐放、百家争鸣"的"双百"方针的要求，倡导不同文化思想的碰撞，不同创作风格的自由融合，兼容并蓄，要包容失败、支持创新，从而最大限度调动文化人才从事文化创新的积极性。其次，要拓宽人才培养的渠道。坚持人才引进与人才的岗位自主培养相结合，亦引进亦培养。对于引进的人才，要做到"引得进、留得住、用得活"；对于自主培养的人才，要提高各种条件使其得到扩展视野的机会，从而使得文化人才不断进步。最后，要为文化人才提供良好的工作和生活条件。一方面，要积极采取措施推介文化人才的优秀作品，扩大其社会影响力；另一方面，要采取措施解决文化人才生活中的实际困难。

二 提升文化人才队伍的产业能力

文化产业向市场输出文化，其前提是能够创造出文化产品，而这又取决于文化人才的产业能力。因此，我们需要积极利用高等学校和文化科研院所的学科优势，为文化企业从业人员提供培训。这样既可以拓展文化人才的创新思路，提高文化人才的理论素养，给文化产品赋予更多的学术和现实品格，也为文化产业的可持续发展积蓄了更多人力资本。目前我国很多文化产业集聚区在选址时，都倾向于在高等学校和科研机构密集的地区。如上海赤峰路的建筑设计一条街，就是依托同济大学的人才优势。

三 加大文化人才队伍建设的资金投入

如何吸引和使用文化人才，是一国文化软实力的重要表现，其关键在于文化人才队伍建设的经费保障问题。要争取各级政府的资金投入，如为文化人才设立文化人才基金，支持其开展科研活动，并提供生活保障，同时为文化人才提供学习考察机会，拓展其视野，丰富其知识。此外，要聚焦文化产业的重点发展领域，加强领军人才以及具有创新精神的团队建设，为优秀人才提供特殊津贴等资金配套资助。

四　通过构建人文关系网络，培育创新的文化氛围

文化人才的创新灵感往往来自于人才之间的相互交流，通过搭建各种平台为文化人才交流提供便利条件，如企业家协会、行业协会以及各种培训机构等。在相互信任的基础上，知识的学习效应使信息和思想得以快速传播，并且良好的文化氛围还可以进一步吸引更多的文化人才在本地区聚集，从而形成一个良性的循环。

第五节　延伸文化产业链条

经过十多年的培育和发展，我国已把文化产业确定为国家战略性的、具有先导性的产业。文化产业的发展与壮大，将大大提升我国经济与社会发展的质量和水平，改变我国相对落后的经济发展模式和方式。目前我国文化产业的发展需要做出一定的调整，一方面，要更加注重文化产业和其他产业的融合与发展，实现不同产业门类的融合与渗透，另一方面，突破行政区划壁垒的限制，深化行政管理体制改革，促进地区间文化和文化产业的融合发展。文化产业的产业链有其独特性，其上游为创意产业，中游为内容制作产业，下游为衍生产业。以一些实力雄厚、具有较强竞争力的大型骨干文化企业为龙头，分别向前向后实现产业延伸，打造文化产业链条，更好地促进文化产业的知识溢出，取得规模经济效应和范围经济效应。

一　通过与不同行业的融合，延伸文化产业链条

支持文化产业与传统制造业、现代服务业的融合。通过文化创意对传统制造业和现代服务业的渗透，提升其精神文化的价值内涵，从

❖ 第七章 优化我国文化产业集聚化发展的对策 ❖

而塑造出具有特色的知名品牌。如以做商业地产起家的万达集团，在经过二十多年的发展后，已经形成了以购物、公寓、酒店和影院为支柱的"四合一"的发展模式，现在其产业链条已经触及电影制作和文化旅游。以创意设计为核心的文化产业可以为传统制造业的外观造型、产品包装、品牌设计等提供服务。

二 调整自身经济结构，完善文化产业内部产业链

首先，要推动文化产业的集约化发展。推进文化产业的发展，就要改变过去"散、小、乱"的基本格局，实现从数量扩张到品质提升的飞跃。通过鼓励文化产业内不同行业的企业实现跨地区与跨行业的联合重组，以推动文化企业的区域整合发展和跨地经营。同时引导文化产业集聚，形成完备的、有特色的文化企业集群。第二，加强文化产业内部各行业的渗透与融合。如2009年火爆上映的动漫电影《喜羊羊与灰太狼之牛气冲天》，在其整个收入结构中，票房收入仅占三成左右，而其余七成收入都是来自于衍生品的授权与开发。目前美国电影产业存在"二八"收入结构：电影票房仅占全部收入的二成左右，其余均来自后期的市场开发。文化衍生品的开发，一方面实现了文化产品的增值，赋予了产品制造业巨大的经济效益和文化品牌效益，同时也增强了文化产品的市场竞争力，另一方面拓展了文化产业的投资回笼渠道，形成良好的抗风险机制。第三，要构建复合型的文化产业链。充分利用各种现代媒体技术（如数字化、网络化等虚拟技术），对文化产品进行多元化开发，促使传统的文化产业转型与升级。第四，要以具有民族特色的民间文化技艺为依托，在保护和传承的基础上，推进民族技艺、民族工业的产业化发展（如建设融商贸、文化体验、文艺展演、商旅文化等于一体的综合性文化景观），从而实现传统的民族文化元素与现代科学技术的融合。

三 突破区域限制，实现地区间的协调与联动

首先，要根据各地区的生产要素禀赋状况、文化资源的开发潜力以及经济布局，实现文化产业的梯度发展，促进各地区之间文化产业的优势互补。鉴于中东部地区凝聚了大量的技术、人才、资本等资源优势，可以大力发展以动漫、网络游戏、数字产品等代表的文化产业及产业集聚园区，而在西部地区，依托丰富的民族传统演艺、工业品和艺术品资源，可以建立民族文化产业园，在发展中保护民族文化传统。第二，要突破传统的行政区划的限制，实现区域性的文化产业协作，让中小城市的文化产业融入中心城市之中。通过区域之间的文化产业的对接和联动，实现各地区的优势互补，从而提升区域文化产业的竞争力。第三，有条件的地区可以逐步推进与港、澳、台地区的共同文化市场建设，实现文化产品在"大中华"地区的协同生产和自由贸易，从而为中国的文化产品进一步走向世界，提升中国文化软实力打开方便之门。

第六节 提升文化产品的贸易自由度

文化产品交易成本的主要构成部分为运输费用和制度成本。与以有形商品为主的制造业产品相比，文化产品包含较多的无形商品；另外，文化产品中包含的知识和创意的份额也较高。所以，文化产品的交易较多通过网络、通信方式进行，运输成本低于制造业产品。但是，由于文化产品包含了较多的意识形态和价值观，政府对文化产品交易多持审慎态度，所以文化产品交易的制度成本高于制造业产品。由前文的理论和实证分析可知，文化产品贸易自由度较高的地区，文化产业的集聚程度也较高，因此，提升文化产品的贸易自由度，可以促进文化产业集聚，推动文化产业的快速发展。

第七章 优化我国文化产业集聚化发展的对策

一 增加交通和通信的便利，打破壁垒和隔绝

文化产品的交易对象包括实物型文化产品和以人为依托的文化服务，实物型产品的交易离不开交通运输，服务的交易离不开通信设施。提高文化产品的贸易自由度，首先要降低客观上的运输成本，增强人与人之间沟通交流的便利。我国幅员辽阔，人口众多，特色民族文化资源丰富，而这些少数民族大多居住在远离城市的地区，交通和通信条件相对落后。如何挖掘这些文化资源，使这些文化创意和文化产品能够更好地被文化企业发现并利用，被文化产品的需求者所获取，同时也保护和传承特色民族文化，是目前我国文化产业发展过程中亟待解决的一个问题。

二 建立更多的文化交易平台

现实中，信息不对称是阻碍交易顺利进行的关键因素，由政府、行业协会或民间组织建立的文化交易平台，集合了文化产品的供求双方的信息，将大大降低文化产品交易的信息不对称问题。文化交易平台的形式可以是多样的，比如网站、博览会、艺术家交流会、文化交易所等。目前，中国文化网、中国文化交易网、文化传通网和《中国文化报》在文化传播和文化产业的信息传递方面，发挥了重要作用。提高文化产品的贸易自由度，必须建立起更多、更完善的以弘扬民族文化传统，促进我国文化事业和文化产业繁荣发展为宗旨，传播全球文化动态，推介优秀文化作品，反映社会文化热点，使文化产品交易更加便利化的文化交易平台。

三 利用"文化亲近"发展文化贸易

在 WTO 的框架下，各国都把贸易自由化作为拉动经济的重要增长源泉。贸易自由化要求商品不受限制而自由流动，贸易双边通过自

由贸易而实现互惠与互利。文化产品本质上属于商品，也应当追求自由贸易。但鉴于文化产品的对外贸易追求的不仅是商业价值，更是一种价值观的输出，因此，文化产品与普通的消费品又有着根本性的区别。对"文化主权"的追求，使得各国对文化产业的发展往往给予一定保护，如在法国，把文化商品的贸易保护看成是自由贸易的例外，即"文化例外（即将文化产品从自由贸易谈判中给排除出去）"（雅克·朗，1993）。文化产品常根植于特定的文化背景，被语言、历史、传统以及道德等因素所包裹，一般来说，邻近区域的文化背景都比较相似，因此，发展文化贸易要充分利用这种文化亲近所产生的贸易增强效果。纵观发达国家的文化贸易的历史经验，他们的文化对外贸易也都是从有相近的文化传统、贸易成本相对较低、市场需求潜力大的国家开始的。从这一点上说，中国发展文化贸易应充分利用"大中华文化圈"，通过区域贸易协定、合作生产协议等方式进行，这是我国开展文化贸易的捷径。在此基础上，再逐渐加入多元化文化因素，特别是跨文化的因素，从而适应西方消费者的审美观念，进军欧美的文化消费市场。

四 警惕西方不良文化对中国传统文化的冲击

西方国家通过电影、书籍、动漫等文化产品的大量对外出口，也将资本主义的各种思潮和价值观带入其他国家。我国推行文化产品自由贸易时，需要加强对西方不良文化的审核和抵制。中国五千年的传统文化博大精深，我国要加强自身文化优势的挖掘和培养，树立对本土文化的信心，尽量减少西方错误价值观对我国文化的冲击。

第七节 完善文化产业的投融资机制

地区的资本要素丰裕、投融资环境良好，可以促进该地区文化产

第七章 优化我国文化产业集聚化发展的对策

业快速发展。一般来说,支持文化企业发展的资金来源主要有五个方面:即政府财政资金的投入、金融机构的信贷支持、社会资本融资、引入外资和企业自身的积累。我国目前需要建立"国民结合、以国资为引导,以民资为主体"的多元化的文化产业投融资体制。

一 促进金融机构的业务创新

金融支持文化产业发展,重点在于加快金融的业务创新。金融机构应把支持文化产业发展作为金融机构新的业务利润增长点。一方面,根据文化产业的实际以及文化产品的特性,为文化产业量身定制信贷政策,如北京银行、中国工商银行、招商银行等金融机构设立的扶持性贷款业务等,用于支持文化创意产业的发展;2010年文化部和银行机构开展合作,共同推动建立文化企业的贷款渠道。另一方面,针对文化企业的担保品不足,探索各种形式的信贷方式,解决文化产业融资难,如知识产权质押、无形资产质押等,如北京版权交易中心就联合了数家商业银行推出了以"版权价值"为核心的版权贷款服务产品。同时还要积极扩展金融服务的范围,提高金融服务文化产业发展的水平,满足文化企业资金融通的各种需求。从金融监管的层面来看,要通过各种货币以及金融政策,鼓励金融机构进行金融业务的创新,从而加大对文化产业的支持力度。

二 拓展多种形式的融资渠道

首先,在现行政策的允许范围内,鼓励文化企业进入资本市场,积极利用各种直接融资工具:如公司债券、股票等。在文化产业相对发达的国家,资本市场是文化产业繁荣与发展的重要支柱。借助于资本市场的作用,一方面实现融资的目的,另一方面促进文化产业的规模扩张,优化文化产业的资产结构。其次,组建"文化产业投资基金"以引入金融资本,实现文化产业的创业投资和投资基金的无缝对接，为文化产业振兴提供重要支撑。目前我国在"中国文化产业投资基金"的示范作用下，有50多支产业投资基金进入文化产业领域，大大拓展了我国文化企业的投融资渠道，带动了社会资本和个人投资文化产业。再次，通过产业政策的透明化、清晰化，拓展民间资本的发展空间，发展民营文化企业，如轰动全国的"刘老根大舞台"，就是典型的利用民营资本发展起来的文化企业，有力推动了具有中国东北地方特色的"二人转"的发展和繁荣。最后，充分利用相关国际机构的资金支持，如世界银行、联合国教科文组织等。

三　建立健全融资配套服务体系

首先，通过构建投融资的信息平台，消除因不对称信息而造成的融资难问题，通过组织定期或不定期产品推介会、信息发布会等，为文化企业的文化创意成果转化搭建融资信息服务平台。2010年初，文化部推动建设了基于互联网技术的文化产业投融资公共服务平台，这是一个集文化产品展示、交易，金融产品发行、政策发布、文化信息交流于一体的多功能信息平台。其次，构建金融中介服务体系，如文化企业融资的信用担保体系、知识产权的登记与交易体系以及企业无形资产的价值评估体系等，为文化企业利用无形资产融资创造有利的条件。最后，为文化产业投融资进行业务培训，培养具有投融资意识和能力的专业人才，为文化产业投融资储备人才。

第八章

结论与展望

第一节 研究结论

本书以空间经济学、区域经济学、新古典经济学为理论基础，借助数理模型分析、计算机数值模拟分析、面板模型计量经济分析的方法研究了我国文化产业集聚的空间特征、动力机制和经济效应问题，得到以下结论：

（1）从文化产业的动态演进来看，2000年我国文化产业处于起步阶段，2011年之后我国文化产业进入高速成长时期，文化产业增加值实现稳步上升。文化产业的机构数和固定资产投资额，2005年以来都大幅增加。（2）从文化产业的财务指标的角度来看，文化制造业的营业收入大于文化服务业，也大于文化批发和零售业；内资企业的营业收入大于外商投资企业，也大于港澳台投资企业。（3）使用绝对集中度、区位熵、Theil指数分析我国文化产业的集聚水平，发现我国文化产业在全国的发展极不均衡，文化产业总收入较高的省份集中在东中部地区，其中江苏、广东、浙江、北京、四川的文化产业发展水平较高。绝对集中度指数和Theil指数的分析均显示我国文化产业在全国层面的地区差异从2008—2011年出现下降趋势，2011—2014年又出现上升趋势。这主要是因为在文化产业起步阶段，我国文化产业发展的政策性比较强,各地政府近期都在加大文化产业的政策支持力度,使文化产业的区域不均衡程度小幅降低;到 2011 年之后,文化产业进入快速发展时期,经济发达地区的前期投入带来了较大的收益,文化产业的增长速度明显快于中西部,所以地区间的差异又有所拉大。(4)基于 GDP 的供给视角的区位熵分析显示:文化产业发展相对于该省 GDP 处于较大优势的省份集中在西部地区,如西藏、青海、甘肃、新疆、宁夏、海南等省份。基于人口的需求视角的区位熵分析显示:文化产业发展相对于该省人口数量处于较大优势的省份主要在西部地区,如西藏、青海、宁夏、陕西等省份,东部的北京、上海、浙江、天津等省份的优势也较大。(5)根据 Theil 指数的测算,以及指数的分解分析,发现我国东部地区的文化产业集聚差异是全国总差异的主要构成部分。2014 年三大地带的组内贡献率为 78.2%,组间贡献率为 21.8%,总差异主要是由三大地带内的差异构成。(6)从新经济地理学、新古典经济学、区域经济学的理论出发,较为全面地分析了文化产业集聚的动力因素,认为推动我国文化产业集聚的动力包括知识溢出、贸易自由度、本地市场需求、生产要素禀赋、政府的政策激励、优势地理区位、历史文化资源禀赋。(7)重构空间经济学的 TP 模型以系统分析我国文化产业集聚的动力机制,清晰论述了两个初始对称区域的消费者、文化产业的知识创新部门、文化产业的产品生产部门的短期均衡和长期均衡。分析得到三个结论:第一,当区域之间知识传递强度一定时,知识分子区域对称分布状态下,知识创新效率最低;核心—边缘分布状态下,知识创新效率最高。第二,一个地区文化产品生产企业的份额与该地区支出份额呈正相关关系,且系数大于 1,说明支出份额增加,则企业份额增加更多,即存在本地市场放大效应。第三,贸易自由度的提高,有利于促进文化产业的空间集聚。消费者偏好更多样化的产品,可以促进文化产业的空间聚集。(8)针对理论分析得出的推动我国文化产业

❖ 第八章 结论与展望 ❖

集聚的作用力,本书利用我国31省2001—2014年的面板数据进行实证检验,面板模型的回归结果验证了理论假设:政府政策支持,较大的市场规模、较多的知识溢出、较高的贸易自由度、劳动要素丰裕、资本要素丰裕、丰富的历史文化资源,都促进了我国文化产业的空间集聚,其中前三个因素的贡献较大,是造成我国文化产业出现空间集聚现象的关键因素。(9)在我国市辖区人口超过100万的139个大城市中,文化产业集聚对经济增长起到了正向的促进作用。其中,全国样本的回归系数为0.15,小于中部地区样本的回归系数0.24,大于东部样本的回归系数0.14,也大于西部样本的回归系数0.13,说明中部地区文化产业集聚对经济增长的拉动作用最显著。

第二节 未来研究展望

本书从理论和实证角度研究了我国文化产业集聚的动力机制,得到了一些有意义的结论。未来研究准备从以下几个方面展开:

(1)本书的数理模型理论分析中,并未考虑文化产品生产企业的异质性,将所有文化产品生产企业视为均质的,也未考虑不同地区的消费者偏好的异质性。以后的研究可加入异质性分析。(2)TP模型设定了三个行业部门,把文化产业分为两大门类:文化产品生产部门和文化产业的知识创新部门,把文化产业之外的所有行业简化处理为单一的传统部门。知识创新部门生产的知识只能被文化产品生产部门使用,不能被消费者直接消费。未来的研究可以尝试改变这一假设。(3)TP模型的理论分析中,论述了文化产品之间替代弹性的大小对文化产业集聚的影响,但在实证分析中,并未验证产品多样性对文化产业集聚的作用。未来可以设法获取此数据,再做进一步的实证研究。(4)本书的计量模型实证分析并未分析我国省域文化产业集聚的空间相关性,未来可以使用空间面板模型进行回归,验证文化产业在不同地区之间空间相关性的大小和变化。(5) 文化产业包含很多分行业，各行业之间的特点和空间分布都差别很大，未来可以对文化产业的细分行业进行深入研究。

参考文献

1. Boudeville, J. R. , *Problems of Regional Economic Planning*, Edinburgh: Edinburgh University Press, 1968.
2. Isard, W. , *Methods of Regional Analysis: An Introduction to Regional Science*, New York: John Wiley and Sons Inc. , 1960.
3. Fujita M, Krugman P, Venables A. J. , *The Spatial Economy: Cities, Regions and International Trade*, MA: The MIT Press, 1999.
4. Marshall A. , *Principles of Economics*, London: Macmillan, 1890.
5. Hoover E. M. , *The Location of Economic Activity*, New York: McGraw-Hill, 1963.
6. Erik Sirri, Peter Tufano, *The Economics of Pooling*, MA: Harvard Business School Press, 1995.
7. Friedmann, J. , *Regional Development Policy: A Case Study of Venezuela*, MA: MIT Press, 1966.
8. Barro R. J. , Sala-i-Martin X. , *Economic Growth (2nd Edition)*, MA: The MIT Press, 2004.
9. Myrdal G. , *Economic Theory and Underdeveloped Regions*, London: Duckworth, 1957.
10. Hoover E. M. , *Location Theory and the Shoe and Leather Industries*,

MA: Harvard University Press, 1937.

11. Krugman P. , *Geography and Trade*, MA: the MIT Press, 1991.

12. Myrdal, *Economic Theory and Under-development Regions*, London: Gerald Duckworth, 1957.

13. Thrift N. , *On the Social and Cultural Determinants of International Financial Centers: the Case of the City of London*, Oxford: Oxford University Press, 1994.

14. David Audretsch, Maryann Feldman, "Knowledge Spillovers and the Geography of Innovation", *Handbook of Regional and Urban Economics*, Amsterdam: North Holland, 2004.

15. Baldwin R. , Forslid R. Martin P. etc. , *Economic Geography and Public Policy*, NJ: Princeton University Press, 2003.

16. James Allen-Robertson, *Digital Culture Industry: A History of Digital Distribution*, London: Palgrave Macmillan, 2013.

17. Richard R. Nelson, Sydney G. Winter, *An Evolutionary Theory of Economic Change*, MA: Harvard University Press, 1982.

18. Helpman E. , Krugman P. , *Market Structure and Foreign Trade: Increasing Returns, Imperfect Competition, and the International Economy*, MA: the MIT Press, 1987.

19. Grossman G. , Helpman E. , *Innovation and Growth in the Global Economy*, MA: the MIT Press, 1991.

20. G. Barba Navaretti, J. Venables, *Multinational Firms in the World Economy*, NJ: Princeton University Press, 2004.

21. Masahisa Fujita, Jacques-François Thisse, "Does geographical agglomeration foster economic growth? And who gains and who loses from it?", *The Japanese Economic Review*, Vol. 54, 2003, 6, pp. 121 – 145.

参考文献

22. Tomoya Mori, Alessandro Turrini, "Skills, Agglomeration and Segmentation", *European Economic Review*, Vol. 49, 2005, 1, pp. 201 – 225.

23. Mark Roberts, Uwe Deichmann, Bernard Fingleton, Tuo Shi, "Evaluating China's Road to Prosperity: A New Economic Geography Approach", *Regional Science and Urban Economics*, Vol. 42, 2012, pp. 580 – 594.

24. Fujita M., T. Mori, "Structural Stability and Evolution of Urban Systems", *Regional Science and Urban Economics*, Vol. 27, 1997, pp. 399 – 442.

25. Marcus Berliant, Robert R., Reed III, Ping Wang, "Knowledge Exchange, Matching and Agglomeration", *Journal of Urban Economics*, Vol. 60, 2006, pp. 69 – 95.

26. Johansen Soren, "Statistical Analysis of Cointegration Vectors", *Journal of Economics Dynamics and Control*, Vol. 12, 1988, pp. 231 – 254.

27. Michael E. Porter, "Clusters and the New Economics of Competition", *Harvard Business Review*, 1998, 11 – 12, pp. 77 – 90.

28. Eric Von Hippel, "Sticky Information and the Locus of Problem Solving: Implications for Innovation", *Management Science*, Vol. 40, 1994, pp. 429 – 439.

29. Baldwin R., Martin P. Ottaviano G., "Global Income Divergence, Trade and Industrialization: the Geography of Growth Take-off", *Journal of Economic Growth*, Vol. 6, 2001, 3, pp. 5 – 37.

30. Behrens K., "Agglomeration without Trade: How Non-traded Goods Shape the Space-economy", *Journal of Urban Economics*, Vol. 55, 2004, pp. 68 – 92.

31. Eaton J., Kortum S., "Technology, Geography and Trade", *Econometrica*, Vol. 70, 2002, 5, pp. 1741 – 1779.

32. Krugman P., "Increasing Returns and Economic Geography", *Journal of Political Economy*, Vol. 99, 1991, 3, pp. 483 – 499.

33. Steven Brakman, Harry Garretsen, Marc Schramm, "Putting New Economic Geography to the Test: Freeness of Trade and Agglomeration in the EU Regions", *Regional Science and Urban Economics*, Vol. 36, 2006, 9, pp. 613 – 635.

34. Masahisa Fujita, Jacques-François Thisse, "New Economic Geography: An Appraisal on the Occasion of Paul Krugman's 2008 Nobel Prize in Economic Sciences", *Regional Science and Urban Economics*, Vol. 39, 2009, pp. 109 – 119.

35. Masahisa Fujita, "Thünen and the New Economic Geography", *Regional Science and Urban Economics*, Vol. 42, 2012, pp. 907 – 912.

36. N. G. Pavlidis, M. N. Vrahatis, P. Mossay, "Existence and Computation of Short-run Equilibria in Economic Geography", *Applied Mathematics and Computation*, Vol. 184, 2007, 1, pp. 93 – 103.

37. Krugman P., "First Nature, Second Nature and Metropolitan Location", *Journal of Regional Science*, Vol. 33, 1993, pp. 129 – 144.

38. Masahisa Fujita, "Towards the New Economic Geography in the Brain Power Society", *Regional Science and Urban Economics*, Vol. 37, 2007, 7, pp. 482 – 490.

39. Venables A. J., "Equilibrium Locations of Vertically Linked Industries", *International Economic Review*, Vol. 37, 1996, 2, pp. 341 – 359.

40. António Carlos Teixeira, "Transport Policies in Light of the New Economic Geography: the Portuguese Experience", *Regional Science and*

❖ 参考文献 ❖

Urban Economics, Vol. 36, 2006, 7, pp. 450 – 466.

41. Takaaki Takahashi, "Economic Geography and Endogenous Determination of Transport Technology", *Journal of Urban Economics*, Vol. 60, 2006, pp. 498 – 518.

42. Donald R. Davis, David E. Weinstein, "Market Access, Economic Geography and Comparative Advantage: an Empirical Test", *Journal of International Economics*, Vol. 59, 2003, 1, pp. 1 – 23.

43. Samuelson P. A., "The Transfer Problem and Transport Costs, II: Analysis of Effects of Trade Impediments", *Economic Journal*, Vol. 64, 1954, pp. 264 – 289.

44. Yasusada Murata, Jacques-François Thisse, "A Simple Model of Economic Geography à la Helpman-Tabuchi", *Journal of Urban Economics*, Vol. 58, 2005, 7 (1), pp. 137 – 155.

45. Paolo E. P., "Heckscher-Ohlin and Agglomeration", *Regional Science and Urban Economics*, Vol. 35, 2005, 6, pp. 645 – 657.

46. Dixit A. K., Stiglitz J. E., "Monopolistic Competition and Optimum Product Diversity", *American Economic Review*, Vol. 67, No. 3, 1977, 6, pp. 297 – 308.

47. Gersbach H., Schmutzler A., "External Spillovers, Internal Spillovers and the Geography of Production and Innovation", *Regional Science and Urban Economics*, Vol. 29, 1999, 6, pp. 679 – 696.

48. Boschma R. A., Lambooy J. G., "Evolutionary Economics and Economic Geography", *Journal of Evolutionary Economics*, 1999, 9, pp. 411 – 429.

49. Fujita M., "A Monopolistic Competition Model of Spatial Agglomeration: Differentiated Product Approach", *Regional Science and Urban Economics*, Vol. 18, 1988, 2, pp. 87 – 124.

50. Krugman P., "What's New about the New Economic Geography", *Oxford Review of Economic Policy*, Vol. 14, No. 2, 1998, pp. 7 – 17.

51. Crozet, Matthieu, "Do Migrants Follow Market Potentials? An Estimation of a New Economic Geography Model", *Journal of Economic Geography*, Vol. 4, 2004, pp. 439 – 458.

52. Marta Mas Machuca, Carme Martínez Costa, "A Study of Knowledge Culture in the Consulting Industry", *Industrial Management & Data Systems*, Vol. 112, No. 1, 2012, pp. 24 – 41.

53. Pedro Gomes, Alejandro Librero-Cano, "Evaluating three decades of the European Capital of Culture programme: a difference-in-differences approach", *Journal of Cultural Economics*, 2016. 9.

54. Chung-Shing Lee, Jonathan C. Ho. "A Multiple Perspectives Analysis of Culture and Technology Management: A Korea Case", *International Journal of Innovation and Technology Management*, Vol. 10, No. 1, 2013, pp. 11 – 33.

55. Augustin Gitard, "A commentary: Policy and the arts: The forgotten cultural industries", *Journal of Cultural Economics*, Vol. 5, 1981, 7, pp. 61 – 68.

56. Marcus Schulzke, "The Virtual Culture Industry: Work and Play in Virtual Worlds", *The Information Society Archive*, Vol. 30, 2014, pp. 20 – 30.

57. Venables, A. J., N. Limao, "Geographical Disadvantage: A Heckscher-Ohlin-Von Thunen Model of International Specialisation", *World Bank Policy Research Paper*, No. 2256, 1999.

58. Joon-Kyo Seo, "Gwangju: A Hub City of Asian Culture and High-tech Industry", *Cities*, Vol. 31, 2013, pp. 563 – 577.

59. Li Shu-sheng, "Culture Industry Development and Regional Economy—

A Case Study of Tianjin", *Physics Procedia*, Vol. 25, 2012, pp. 1352 – 1356.

60. George Sanders, "The dismal trade as culture industry", *Poetics*, Vol. 38, 2010, pp. 47 – 68.

61. Dominic Power, "Cultural Industries in Sweden: An Assessment of their Place in the Swedish Economy", *Economic Geography*, Vol. 78, 2002, pp. 103 – 127.

62. Lorenzo Mizzau, Fabrizio Montanari, "Cultural districts and the challenge of authenticity: the case of Piedmont, Italy", *Journal of Economic Geography*, 2008, 8, pp. 651 – 673.

63. Hong Jin, Yu Wentao, Guo Xiumei, Zhao Dingtao, "Creative Industries Agglomeration, Regional Innovation and Productivity Growth in China", *Chinese Geographical Science*, 2014, 2, pp. 258 – 268.

64. Anthony Y. H. Fung, John Nguyet Erni, "Cultural clusters and cultural industries in China", *Inter-Asia Cultural Studies*, 2013, 4, pp. 644 – 656.

65. Eugene J. McCann, "The cultural politics of local economic development: meaning-making, place-making, and the urban policy process", *Geoforum*, Vol. 33, 2002, pp. 385 – 398.

66. Philipp Ager, Markus Brückner, "Cultural diversity and economic growth: Evidence from the US during the age of mass migration", *European Economic Review*, Vol. 64, 2013, pp. 76 – 97.

67. Hesmondhalgh, D., Pratt, A., "Cultural industries and cultural policy", *International Journal of Cultural Policy*, Vol. 11, 2005, pp. 1 – 14.

68. Scott, A. J., "Capitalism and urbanization in a new key? The cognitive-cultural dimension", *Social Forces*, Vol. 85, 2007, pp. 1465 –

1482.

69. Throsby, D., *Economics and Culture*, Cambridge: Cambridge University Press, 2001.

70. Helmut K. Anheier, Yudhushthir Raj Isar, *Cultures and Globalization: The Cultural Economy*, London: Sage Publications Ltd., 2008.

71. [德] 奥古斯勒·廖什:《经济空间秩序——经济财货与地理间的关系》, 王守礼译, 商务印书馆1995年版。

72. [德] 阿尔弗雷德·韦伯:《工业区位论》, 李钢剑等译, 商务印书馆1997年版。

73. [美] 保罗·克鲁格曼:《发展、地理学与经济理论》, 北京大学出版社、中国人民大学出版社2000年版。

74. 安虎森:《新经济地理学原理》(第2版), 经济科学出版社2009年版。

75. 梁琦:《空间经济学: 城市、区域和国际贸易》, 中国人民大学出版社2005年版。

76. 赵伟:《空间经济学: 理论与实证新进展》, 浙江大学出版社2009年版。

77. 安虎森:《经济地理学: 区域和国家一体化》, 中国人民大学出版社2011年版。

78. 梁琦:《产业集聚论》, 商务印书馆2004年版。

79. 何雄浪:《产业空间分异与我国区域经济协调发展研究——基于新经济地理学的研究视角》, 中国经济出版社2013年版。

80. 魏后凯:《现代区域经济学》(修订版), 经济管理出版社2011年版。

81. 张宇:《制度约束、外资依赖与中国经济增长——空间经济学视角下的再审》, 中国经济出版社2009年版。

82. 梁琦:《分工、集聚与增长》, 商务印书馆2009年版。

83. 王兴平：《中国城市新产业空间：发展机制与空间组织》，科学出版社 2005 年版。

84. 卢嘉瑞：《空间经济学》，河北教育出版社 1995 年版。

85. 陈雯：《空间均衡的经济学分析》，商务印书馆 2008 年版。

86. 安虎森：《空间经济学教程》，经济科学出版社 2006 年版。

87. 周正兵：《文化产业导论》，经济科学出版社 2009 年版。

88. 赵雅安：《文化产业经济学导论》，河南人民出版社 1996 年版。

89. 胡惠林：《文化产业学概论》，书海出版社 2006 年版。

90. 张晓明、胡惠林：《2011 年中国文化产业发展报告》，社会科学文献出版社 2012 年版。

91. 顾江：《文化产业经典命题 100 例》，东南大学出版社 2011 年版。

92. 花建：《文化产业的集聚发展——从创意集群到文化空间》，上海人民出版社 2011 年版。

93. 姚林青：《文化创意产业集聚与发展：北京地区研究报告》，中国传媒大学出版社 2013 年版。

94. 张晓明、王家新、章建刚：《文化蓝皮书：中国文化产业发展报告（2012—2013）》，社会科学文献出版社 2013 年版。

95. 向勇：《面向 2020，中国文化产业新十年》，金城出版社 2011 年版。

96. 昝胜锋、唐月民：《文化产业十八讲》，福建人民出版社 2012 年版。

97. 文化部财务司编著：《中国文化文物统计年鉴（2002—2012）》，中国国家图书馆出版社 2002—2012 年版。

98. 中国文化产业年鉴编辑部：《中国文化产业年鉴（2012）》，光明日报出版社 2012 年版。

99. 胡惠林：《中国文化产业发展指数报告（CCIDI）》，上海人民出版社 2012 年版。

100. 王亚南、高书生：《文化蓝皮书：中国文化产业供需协调增长测评报告（2012）》，社会科学文献出版社 2012 年版。

101. 黄虚峰：《文化产业政策与法律法规》，北京大学出版社 2013 年版。

102. 陈少峰、张立波：《中国文化企业报告（2012）》，华文出版社 2012 年版。

103. 张帆：《文化产业与文化创新》，江苏大学出版社 2011 年版。

104. 胡晓明、殷亚丽：《文化产业案例》，中山大学出版社 2011 年版。

105. 殷俊、汤莉萍：《世界文化产业案例选析》，四川人民出版社 2006 年版。

106. 高铁梅：《计量经济分析方法与建模：Eviews 应用及实例》，清华大学出版社 2006 年版。

107. ［德］威廉·H. 格林：《计量经济分析》，中国人民大学出版社 2003 年版。

108. 雷宏振、宋立森：《文化产业集群内组织间的知识外溢对知识创新的影响研究》，《软科学》2011 年第 4 期，第 14—18 页。

109. 袁海：《中国省域文化产业集聚影响因素实证分析》，《经济经纬》2010 年第 3 期，第 65—67 页。

110. 陈建军、陈国亮、黄洁：《新经济地理学视角下的生产性服务业集聚及其影响因素研究——来自中国 222 个城市的经验证据》，《管理世界》2009 年第 4 期，第 83—95 页。

111. 周晓唯、朱琨：《我国文化产业空间聚集现象及分布特征研究——基于省际面板数据的空间计量分析》，《东岳论丛》2013 年第 7 期，第 126—132 页。

112. 李廉水、崔维军：《科技人员收入差距研究——基于基尼系数与泰尔指数的分析》，《科学学研究》2009 年第 9 期，第 1360—

1364 页。

113. 李娜：《我国行业工资差距——基于泰尔指数的分解分析》，《统计与决策》2013 年第 7 期，第 93—96 页。

114. 顾江、吴建军、胡慧源：《中国文化产业发展的区域特征与成因研究》，《经济地理》2013 年第 7 期，第 57—63 页。

115. 张洁：《中国文化创意产业的空间分布和地区绩效分析》，《商业经济与管理》2011 年第 2 期，第 64—70 页。

116. 戴钰：《湖南省文化产业集聚及其影响因素研究》，《经济地理》2013 年第 4 期，第 114—119 页。

117. 黄永兴：《经济地理、新经济地理、产业政策与文化产业集聚：基于省级空间面板模型的分析》，《经济经纬》2011 年第 6 期，第 47—52 页。

118. 蒋伏心、马骥：《空间经济学学科的创立与发展》，《经济学动态》2009 年第 9 期，第 136—139 页。

119. 陈良文、杨开忠：《集聚与分散：新经济地理学模型与城市内部空间结构、外部规模经济效应的整合研究》，《经济学（季刊）》2007 年第 7 期，第 53—70 页。

120. 范剑勇、谢强强：《地区间产业分布的本地市场效应及其对区域协调发展的启示》，《经济研究》2010 年第 4 期，第 107—119 页。

121. 何雄浪、胡运禄、杨林：《市场规模、要素禀赋与中国区域经济非均衡发展研究》，《财贸研究》2013 年第 1 期，第 40—48 页。

122. 蒲业潇、安虎森：《垂直联系、外包与产业集聚》，《西南民族大学学报（人文社会科学版）》2011 年第 2 期，第 116—122 页。

123. 杨凤祥：《文化贸易的外部性及其补偿机理》，《江苏科技信息》2013 年第 4 期，第 21—23 页。

124. 胡腊妹：《城市音乐创意文化产业集聚发展模式——以北京平谷

区"中国乐谷"为例》,《社会科学家》2011年第7期,第151—154页。

125. 姜长宝:《区域特色文化产业集聚发展的制约因素及对策》,《特区经济》2009年第9期,第218—221页。

126. 袁海:《中国省域文化产业集聚影响因素实证分析》,《经济经纬》2010年第3期,第65—67页。

127. 袁海、曹培慎:《中国文化产业区域集聚的空间计量分析》,《统计与决策》2011年第10期,第77—80页。

128. 袁海:《中国文化产业区域差异的空间计量分析》,《统计与信息论坛》2011年第2期,第65—72页。

129. 雷宏振、谢卫军:《文化产业集群内知识共享与产业集聚关系研究》,《情报杂志》2010年第6期,第76—80页。

130. 李艳燕:《河南省文化产业集聚现状的统计分析》,《江苏商论》2011年第11期,第146—150页。

131. 梁君:《广西文化产业集聚度实证研究》,《广西社会科学》2012年第5期,第43—47页。

132. 姜长宝:《论区域特色文化产业集聚的动因及其培育》,《商业时代》2009年第2期,第100—101,109页。

133. 戴钰:《湖南省文化产业集聚及其影响因素研究》,《经济地理》2013年第4期,第114—119页。

134. 胡慧源、高莉莉:《反思文化产业集聚区:异质性及其政策选择》,《东岳论丛》2013年第4期,第13—17页。

135. 刘丽影、路剑:《河北省文化产业集聚区发展对策研究》,《石家庄经济学院学报》2013年第4期,第47—49页。

136. 张秉福:《我国文化产业政府规制的现状与问题探索》,《图书与情报》2012年第4期,第39—47页。

137. 赵春明、王浙鑫:《新经济地理因素与制造业空间聚集——基于省际动态面板的 GMM 分析》,《徐州工程学院学报（社会科学版）》2013 年第 11 期, 第 63—68 页。

138. 林玮:《"准文化产业"如何实现集聚优势——以茶文化产业为个案分析》,《中南大学学报（社会科学版）》2013 年第 3 期, 第 12—16 页。

139. 曲妍:《文化产业集聚效应的城市体现——兼论天津文化产业的集聚发展》,《生产力研究》2013 年第 1 期, 第 154—157 页。

140. 徐艳芳:《文化经济的空间依赖与空间再造——与胡惠林教授商榷》,《探索与争鸣》2013 年第 10 期, 第 38—40 页。

141. 何勇军、傅利平:《基于系统动力学的文化产业集聚仿真模型》,《求索》2013 年第 10 期, 第 5—8 页。

142. 花建:《文化产业集聚发展对新型城市化的贡献》,《上海财经大学学报》2012 年第 2 期, 第 3—11 页。

143. 刘立云、雷宏振:《中部地区"嵌入型"文化产业集聚效应的实证分析》,《统计与决策》2012 年第 18 期, 第 107—110 页。

144. 王克婴、张翔:《文化产业集聚对国际创意大都市空间结构重构的影响》,《城市发展研究》2012 年第 12 期, 第 88—93 页。

145. 罗能生、刘思宇、刘小庆:《文化产业集聚水平及其影响因素——基于湖南省数据的实证分析》,《广东行政学院学报》2011 年第 1 期, 第 55—60 页。

146. "经济高速发展下的中国文化产业"课题组、蒋萍:《基于区域与行业角度的文化产业集聚特点》,《调研世界》2011 年第 3 期, 第 12—16 页。

147. 花建:《推动文化产业的集聚发展——"十二五"期间提升中国文化软实力的重大课题》,《社会科学》2011 年第 1 期, 第 14—22 页。

148. 刘立云:《中西部文化产业集群的区域竞争优势研究》,《中国软科学》2011年第S2期，第199—205页。

149. 孙克勤：《中国的非物质文化遗产保护与可持续发展》，《徐州工程学院学报（社会科学版）》2013年第1期，第62—67页。

150. 李康化：《文化产业与城市再造——基于产业创新与城市更新的考量》，《江西社会科学》2007年第11期，第240—246页。

151. 彭民安：《基于产业集群的城市文化产业竞争力提升研究——以长沙文化产业为例》，《求索》2006年第10期，第58—61页。

152. 方永恒、李文静：《文化产业集群的社会网络嵌入性研究》，《科技管理研究》2013年第3期，第171—174页。

153. 杨英法：《文化产业集群与文化消费市场间良性互动机制的构建》，《云南社会科学》2013年第2期，第34—38页。

154. 陆淑敏、饶元、金莉：《面向科技融合的文化创意产业协同创新机制研究》，《西安交通大学学报（社会科学版）》2013年第3期，第13—16，69页。

155. 杨学义：《市场化与创新：陕西文化产业发展的战略选择》，《理论导刊》2005年第7期，第55—56页。

156. 刘强：《同济周边设计产业集群形成机制与价值研究》，《同济大学学报（社会科学版）》2007年第3期，第61—65页。

157. 郑永彪、王雨：《中国钧瓷文化产业集群的成因、演化机理与发展战略研究》，《首都师范大学学报（社会科学版）》2012年第3期，第146—150页。

158. 陈宪：《从经济形态演进看发展文化产业》，《文汇报》2011年11月16日。

159. 刘保昌：《文化产业集群研究三题》，《江汉论坛》2008年第6期，第135—138期。

160. 雷宏振、潘龙梅、雷蕾：《中国文化产业空间集聚水平测度及影响因素研究——基于省际面板数据的分析》，《经济问题探索》

2012年第2期，第35—41页。

161. 李学鑫、田广增：《选择性环境、能力与农区特色文化产业集群的演化——以宝丰县赵庄乡魔术产业集群为例》，《人文地理》2011年第3期，第122—127页。

162. 伍硕：《论文化产业的概念与文化生产的价值规律》，《徐州工程学院学报（社会科学版）》2011年第1期，第42—46页。

163. 刘斯敖、柴春来：《知识溢出效应分析——基于制造业集聚与R&D投入的视角研究》，《中国科技论坛》2011年第7期，第32—37页。

164. 郭平、彭妮娅：《中国文化产业发展的空间不均衡性分析》，《财经理论与实践》2013年第5期，第115—119页。

165. 辛阳：《我国文化企业竞争力评价指标体系的建设与应用》，《当代经济研究》2013年第5期，第34—38页。

166. 付永萍、王立新、曹如中：《创意产业集聚区演化路径及发展模式研究》，《科技进步与对策》2012年第10期，第59—62页。

167. 陈少峰：《走向文化产业强国的对策思考》，《福建论坛（人文社会科学版）》2011年第4期，第39—42页。

168. 王洁：《我国创意产业空间分布的现状研究》，《财贸研究》2007年第3期，第148—149页。

169. 左惠：《文化产品的外部性特征剖析》，《生产力研究》2009年第7期，第22—24页。

170. 计国忠：《文化产业的政府支持：正外部性角度的分析》，《新疆社会科学》2004年第4期，第94—97页。

171. 王猛、王有鑫：《文城市文化产业集聚的影响因素研究——来自35个大中城市的证据》，《江西财经大学学报》2015年第1期，第12—20页。

172. 杨卫武：《文化产业集聚、经济增长与地区差异——基于省级面板数据的回归分析》,《上海师范大学学报（哲学社会科学版）》2015年第7期,第34—42页。

173. 孙智君、李响:《文化产业集聚的空间溢出效应与收敛形态实证研究》,《中国软科学》2015年第8期,第173—183页。

174. 王认真:《中国省域金融支持文化产业发展空间影响分析》,《江西财经大学学报》2015年第1期,第3—11页。

175. 马骥:《基于知识创新的区域经济增长研究》,《西南民族大学学报》（人文社会科学版）2009年第6期,第198—203页。

176. 颜银根:《贸易自由化、产业规模与地区工资差距》,《世界经济研究》2012年第8期,第28—36页。

177. 安虎森、刘军辉:《劳动力的钟摆式流动对区际发展差距的影响——基于新经济地理学理论的研究》,《财经研究》2014年第10期,第84—96页。

后　记

　　这本书的核心内容是我在南京师范大学商学院攻读博士学位期间完成的。回首往事，我很欣慰，三年的博士生活，我过得充实而愉快，收获很多，成长很多，我的心中充满了感激！

　　首先感谢我的导师赵仁康老师，他的睿智和宽容让一直战战兢兢地在学术道路上艰难前行的我放下沉重的思想包袱，有了前进的方向和动力。他对于学术问题的宏观把握和论文逻辑性的严密推敲，让我非常敬佩。在赵老师的鼓励下，我选择了文化产业集聚这一研究课题，并坚持下来。我真的非常幸运遇到这样一位仁爱宽厚的导师，他给我的学术研究和思维方式注入了强大的正能量。

　　在空间经济学理论学习方面，我首先要感谢安虎森老师，他的精彩授课和严谨的治学态度深深影响着我。他对我文章的理论方法选择给予了较多的指导和关怀。第二，我要感谢给我讲授空间经济学专业课程的老师们：博学宽厚又热心关注现实问题的蒋伏心老师、眼光敏锐且举重若轻的华桂宏老师、儒雅亲切讲述清晰的刘阳老师、常常富有启发性提问的卜海老师、语言流畅博学多识并评点犀利的赵仁康老师、学术视角独特又洒脱的许崇正老师，他们的课程都非常引人入胜、让人受益很多。通过这些课程的学习，我的科研兴趣大大增加，有了很多好的想法和一些可行的研究方向。第三，我要感谢何文老师、皮亚斌博士、刘军辉博士、吴浩波博士，他们对空间经济学核心模型的细致讲解，加深了我对空间经济学理论基础的认识和掌握。

感谢在我的博士毕业论文答辩中提出宝贵意见建议的老师：答辩委员会主席南京大学范从来教授、南京财经大学的许承明教授、南师大的蒋伏心教授、潘镇教授、张继彤教授。感谢审阅我论文的三位盲审专家，他们都提出了许多非常好的建议，使我的论文得以更加完善。

在南京师范大学学习三年，对于我来说将是毕生难忘和怀念的幸福的求学经历。感谢蒋伏心院长，在他的领导下，商学院的老师们都积极开展学术研究、学术成果斐然，老师们都发自内心地关爱学生、给学生各种帮助，商学院的师生关系都非常亲密和融洽，在这种氛围下，我非常愉快地学习和生活，得到了很好的成长。感谢蒋老师给我们提供了到杭州和北京参加学术交流会议的机会，他对我们的殷殷期望、宽厚包容和各种帮助让我看到了一个真正的德行高尚，并具有大智慧的领导者的风范。

感谢卜海老师，给了我跟着他做科研项目的机会，让我得以提升能力、增长见识；感谢商学院的汪丽萍老师、张新星老师，三年中对我的学习、生活和论文写作给予了非常多的鼓励和帮助；感谢周燕老师、胡华老师、陆地老师、王一川老师给予我精神上的支持、生活上的关心和帮助；感谢潘镇老师、李晋老师、白俊红老师、李婧老师、于明超老师，给予我学术研究方面的指导和帮助。

感谢在我书稿撰写过程中，给予帮助、提出宝贵意见的西南民族大学的何雄浪教授、南开大学的刘军辉博士、安徽大学的董帮应博士、上海理工大学的何文教授、安徽师范大学的马骥教授、南京中医药大学的高丽娜教授、广西大学的李红教授，南京师范大学的硕士研究生王旭姣、孙友银、钱峰。

感谢我的博士同学徐梁、梅晓红、麻昌港、汪静、周淼、杜

后　记

芸、王卉、朱光龙、金中坤、王丙均、张立，他们对待生活的乐观积极和客观理性，对待朋友的真诚友爱，对待学术研究的执着和热情都深深影响着我，使我的读博生活增加了许多色彩，少了许多苦闷和孤单。

感谢我的奶奶，从小时她就教育我要积极乐观地面对生活、学习中的困难；要相信办法总比困难多；要努力进取、长到老学到老；要勤学好问、心中长存感恩之心。读博期间，她更是经常给予我鼓励和关怀，劝慰开导我，疏解我的不良情绪。她是我的精神支柱，无论我处于何种状态，她对我深爱和支持是永恒不变的。我也深爱着她，非常感谢她！

感谢我的奶奶、我的父母和我的爱人董帮应，正是他们对我的信任和鼓励，精神和物质的双重支持，才使我得以顺利完成书稿的撰写。感谢我2岁的女儿董宸希，她带给我许多幸福和欢笑，她是我的希望，是我前进的动力。

感谢我以前的工作单位淮北师范大学的领导和同事们，在那里，我从一个懵懂的硕士毕业生成长为一名合格的大学教师，在我读博期间，淮师大的朋友们也给予了我许多关怀和帮助。现在虽然我的工作单位改变了，但我们之间的情谊是永远不变的，我对他们的感激之情也是深刻于心的。

感谢我现在工作的南京晓庄学院的领导和同事们，特别是许承明校长、李生峰处长、王宁书记、赵玉阁院长、赵国乾院长、钱书法院长、赵彤院长、陈少英老师、席佳蓓老师、许国银老师、吴勇老师、刘晓红老师、王明成老师等，是你们对我的关心和帮助，让我可以很好地解决教学工作、科研工作和生活中的问题，快速融入这个温暖的大家庭，如期完成书稿。

感谢中国社会科学出版社对本书出版的大力支持。

感谢所有帮助过我的师长和朋友，祝福你们：永远快乐、健康、幸福！

  由于作者能力有限和一些客观原因，书中难免有疏漏之处，恳请各位专家、读者批评指正。

赵 星

2016 年 9 月于南京翰香苑